JN430634

MACRAMÉ LIFE

마크라메 라이프

MACRAMÉ LIFE

마크라메 라이프

김예슬 지음

10가지 매듭으로 완성하는 감성 인테리어 소품

비타북스

"힘들면 쉬었다 해도 괜찮아요. 커피 한 잔하실래요?"

클래스에서 수강생 분들에게 건네는 말이기도 하고 마크라메를 시작하는 분들에게 전하고픈 말이기도 해요. 마크라메는 서두를 필요가 없습니다. 남들보다 잘 만들어야 한다는 걱정을 할 필요도 없죠. 매듭을 만드는 순간, 좋아하는 것을 하는 그 순간을 즐기면 그만입니다.

어릴 적부터 손으로 무엇인가를 만드는 걸 좋아해 자연스럽게 예술대학에 진학했고, 섬유공예를 전공한 저에게 실로 만드는 모든 것들은 매번 새롭고 흥미롭습니다. 특히 일상 속 공간을 색다르고 아름답게 바꿀 수 있는 마크라메를, 그리고 마크라메로 변화된 공간의 분위기를 정말 좋아합니다. 마크라메는 사람마다 매듭과 실, 오브제 등을 어떻게 조합하느냐에 따라 각기 다른 스타일의 작품을 만들 수 있는 예술이자 공간에 자기만의 분위기를 입힐 수 있는 취미거든요. 몇 가지 매듭만 알아도 다양한 패턴을 만들 수 있는 점도 큰 매력입니다.

그렇게 실과 매듭의 매력에 흠뻑 빠져 작품 활동을 해오면서 늘 좀 더 많은 사람들과 마크라메가 주는 즐거움을 나눌 곳이 있다면 좋겠다고 생각했습니다. 생소할 수도 있는 마크라메가 더 널리 알려졌으면 하는 바람도 있었지요. 준비 끝에 데스파시오란 이름으로 개인 작업실 겸 공방을 열었습니다.

클래스를 진행하면서 천천히, 느리게라는 데스파시오의 뜻처럼 이곳을 찾아오는 모든 분들이 오랫동안 손으로 만드는 즐거움을 느낄 수 있기를, 클래스 후의 일상에서도 마크라메를 즐길 수 있기를 바랐습니다. 매듭 하나를 짜더라도 온전히 자기만의 속도로 매듭을 짜는 모습을 보면 저도 행복해졌거든요.

우연한 계기로 책을 쓰게 되었을 때 중점을 두었던 것도 이 부분이었습니다. 그래서 가장 많이 사용하고 자유롭게 응용할 수 있는 대표 매듭 10가지를 추리고, 과정 사진에는 일러스트를 함께 넣었습니다. 처음 하시는 분들도 어렵지 않게 느낄 수 있도록 영문으로 된 매듭 이름은 간단하고 이해하기 쉬운 한글 이름으로 풀었고, 마지막에는 매듭이 손에 익으면 한번쯤 만들어 보고 싶은 마크라메 응용 참고작품을 팁과 함께 담았습니다. 작품의 크기와 재료, 디자인을 다양하게 바꿔 나만의 마크라메 작품을 창작하는 재미를 느끼실 수 있을 거예요.

좋아하는 것을 마음껏 즐기며 행복감을 느끼는 건 참 소중한 경험입니다. 매일이 숨 쉴 틈 없이 돌아가는 바쁜 하루이지만, 마크라메로 놓치고 있던 여유를 되찾았으면 합니다. 그리고 마크라메가 지금보다 더 많은 사랑을 받기를 바랍니다.

데스파시오despacio
김예슬

CONTENTS

1 macramé basics

2

macramé projects

CONTENTS

3

macramé decorations

마크라메란? macramé

서양 매듭으로 마크라메레이스라고도 불립니다. 섬유공예의 한 종류로 바늘이나 도구 없이 손으로 실을 엮어 매듭을 짜고, 매듭과 매듭을 이어 패턴을 만듭니다. 매듭은 기준이 되는 기둥실filler cord과 그 주변실로 나뉘는데, 기둥실을 중심으로 두고 주변 실들을 움직여 매듭과 패턴을 만들어 갑니다. 응용하기에 따라서 무궁무진한 매듭과 패턴을 만들 수 있으며, 작은 코스터부터 플랜트 행잉, 네트 백, 리스, 벽 장식까지 나만의 디자인이 담긴 다양한 생활소품과 장식품을 완성할 수 있습니다. 최근 홈 인테리어에 대한 관심이 높아지면서 마크라메는 트렌디하면서 마음의 위안을 주는 감성 취미로 각광받고 있습니다.

materials & tools
재료 & 도구

마크라메는 많은 재료나 도구가 필요하지 않습니다. 실과 가위만 있어도 공간의 분위기를 변화시킬 수 있는 멋진 작품을 만들 수 있습니다. 모든 재료들은 인터넷으로 손쉽게 구할 수 있고, 오프라인 매장에서도 구매가 가능합니다. 작품에 필요한 길이와 크기, 종류를 꼼꼼히 확인한 후 수량에 맞춰 주문합니다.

실

공간마다 어울리는 그리고 만드는 사람마다 좋아하는 느낌이 다르기 때문에 여러 종류의 실을 다양하게 사용해보는 것이 좋습니다. 48합, 60합, 90합, 120합, 150합 면사가 주로 사용되는데 합수가 높을수록 굵은 실을 뜻합니다.

실이 얇을수록 촘촘하고 탄력성이 적어 엉키기 쉬운데 이때 작업하지 않는 실들은 하나로 묶거나 봉 위쪽으로 걸어두면 좋습니다. 반면 굵은 실은 작업하기는 편하지만 올이 풀릴 수 있으므로 작업 시작 전에 실 끄트머리를 묶거나 테이프를 붙입니다.

1 면사

인테리어 소품을 만들기에 가장 적합한 질감을 가지고 있으며, 일반적으로 가장 많이 쓰이고 있습니다. 실 자체 꼬임으로 화려한 느낌을 줍니다.

2 컬러 면사

색을 입힌 면사로 흰색 면사에 추가해 컬러 포인트로 사용하기도 하고, 단독으로 사용하기도 합니다. 흰색 면사에 비해 가격이 비싼 편입니다.

3 우동실

사투리 면사보다 부드러운 질감을 가진 실로 면이 깔끔하기 때문에 매듭을 만들었을 때 매듭 형태가 자세하고 명확하게 보입니다.

4 마끈

까칠까칠한 질감과 단단함을 가지고 있어 형태가 잘 잡히고 면사와는 다른 거칠고 시원한 느낌을 연출할 수 있습니다.

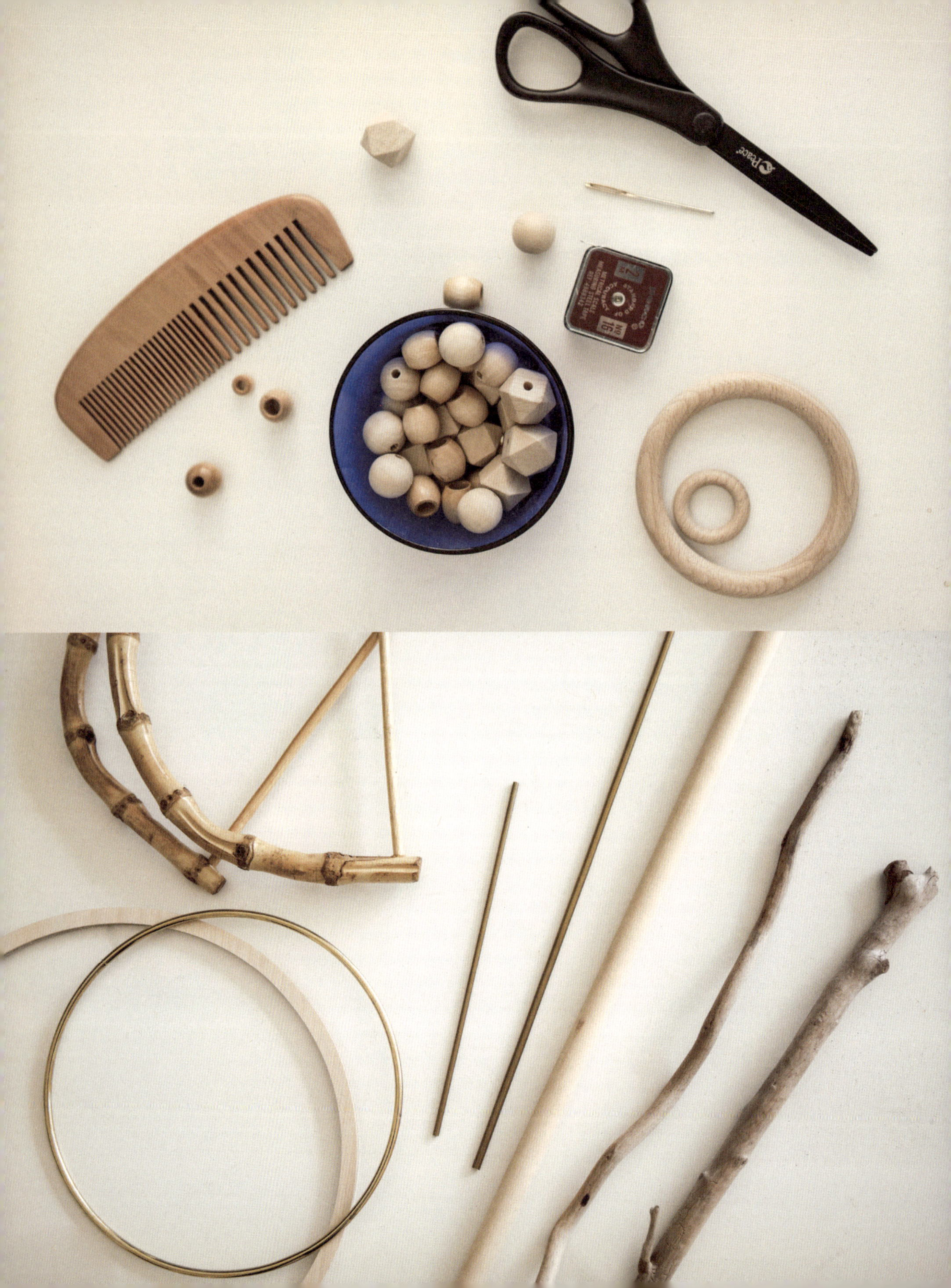

링

작품의 뼈대가 되는 프레임으로 주로 사용하고, 행잉의 고리 부분 대신 사용하기도 합니다. 다양한 크기와 모양, 종류가 있습니다.

나무 봉, 금속 바, 행거

마크라메는 어떤 봉을 사용하는냐에 따라 여러 가지 분위기를 연출할 수 있습니다. 일반적으로 사용되는 나무 봉은 심플하고 자연스러운 느낌이 강하고, 금속 바는 작품의 무게감과 고급스러운 느낌을 더해줍니다. 대형 작품이라면 무게를 지탱할 수 있는 정도의 두꺼운 봉을 선택합니다. 보통 S자 고리로 행거에 걸어 사용하지만 행거가 없는 경우에는 옷걸이나 문고리, 의자 등을 이용해도 좋습니다.

가위

일반 가위를 사용해도 괜찮지만 마크라메에 사용되는 실은 생각보다 굵습니다. 단면이 더 깔끔하게 잘리는 재단 가위나 꽃 가위를 사용하면 좋습니다.

줄자

실 길이를 잴 때 사용합니다. 마크라메에는 대형 작품도 많기 때문에 5m 이상 길이의 줄자를 준비하는 것이 좋습니다.

돗바늘

작품을 만들고 남은 실을 정리하거나 작품에 오브제를 끼울 때 사용합니다.

오브제

행잉이나 벽장식 등의 매듭에 더해 여러 가지 스타일을 연출할 수 있는 재료입니다. 구슬이나 비즈, 꽃, 링 등 종류가 다양하기 때문에 각자의 취향에 맞게 선택하면 됩니다. 나무 구슬에 아크릴 물감으로 색을 칠하거나 패턴을 그려 넣어 활용하면 더욱 재미있는 작품을 완성할 수 있습니다.

빗

작품을 마무리한 후, 실을 풀어 수술 장식의 풍성한 느낌을 표현하는 데 사용합니다. 참빗처럼 빗살 사이 간격이 좁은 것이 좋습니다.

마크라메를 시작하기 전에 꼭 알아두어야 하는 대표 매듭 10가지를 소개합니다. 가장 많이 쓰이는 대표 매듭만 익히면 어떤 작품도 문제없이 완성할 수 있답니다. 자세한 사진과 일러스트를 보며 차근차근 배워보세요.

1
macramé basics

머리 매듭

마크라메에서 가장 많이 사용하는 매듭으로 봉이나 틀, 줄 등에 실을 걸어 고정시키는 역할을 합니다. 앞머리 매듭과 뒷머리 매듭 2가지 방법이 있고, 매듭을 숨기고 싶을 때는 뒷머리 매듭을 주로 사용합니다.

앞머리 매듭

1 실을 반으로 접어 고리를 만들고, 나무 봉의 뒤쪽으로 넘긴다.

2 실을 고리 안으로 집어넣고 뒤쪽으로 잡아당긴다.

뒷머리 매듭

1 실을 반으로 접어 고리를 만들고, 나무 봉의 앞쪽으로 넘긴다.

2 실을 고리 안으로 집어넣고 앞쪽으로 잡아당긴다.

평 매듭

square knot

가장 기본적인 매듭입니다. 여러 가지 다른 형태의 매듭으로 응용할 수 있는 기본형이면서 그물 패턴 등 다양한 패턴을 만들 수 있습니다.

반대 방향

1 실 a, b, c, d를 준비하고 실b와 실c를 기둥실로 잡는다.

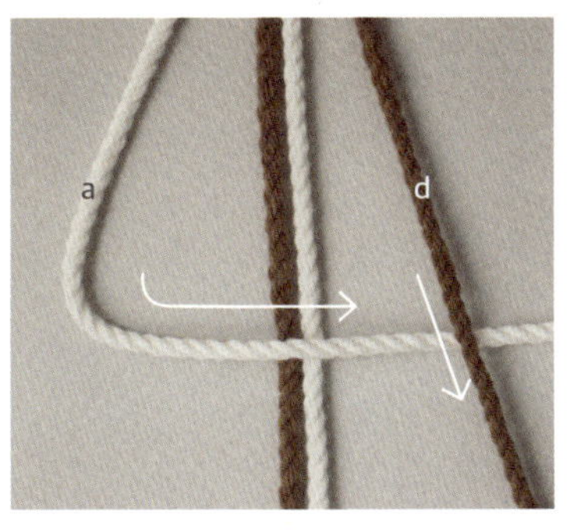

2 실a를 기둥 위를 지나 실d 밑으로 보내 숫자 4 모양을 만든다.

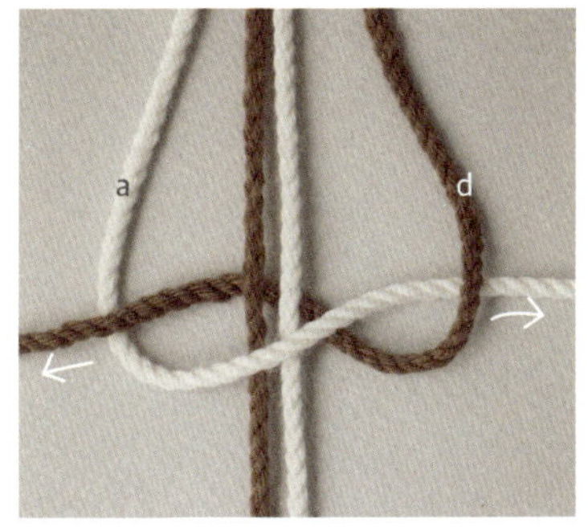

3 실d를 기둥 밑으로 보내 실a의 고리 위로 넘긴 후, 실d와 실a를 양옆으로 당긴다.

4 실a를 반대 방향으로 기둥 위를 가로질러 실d 밑으로 보내 숫자 4 모양을 만든다.

5 실d를 기둥 밑으로 보내 실a의 고리 위로 넘긴 후, 실a와 실d를 양옆으로 당긴다.

평 매듭 세트

평 매듭 1세트

평 매듭 반 세트

마크라메에서 가장 많이 사용하고 다양하게 응용하는 평 매듭은 세트set 개념으로 알아두면 편리하다. 세트는 실이 풀어지지 않도록 반복해 감거나 교차해 만든 하나의 매듭 상태를 말한다. 평 매듭 1세트는 사진 1~5번 과정처럼 기둥실 양옆의 실을 좌우로 2번 교차해 만들고, 평 매듭 반 세트는 사진 1~3번 과정처럼 기둥실 양옆의 실을 좌우로 1번 교차해 만든다.

응용 패턴

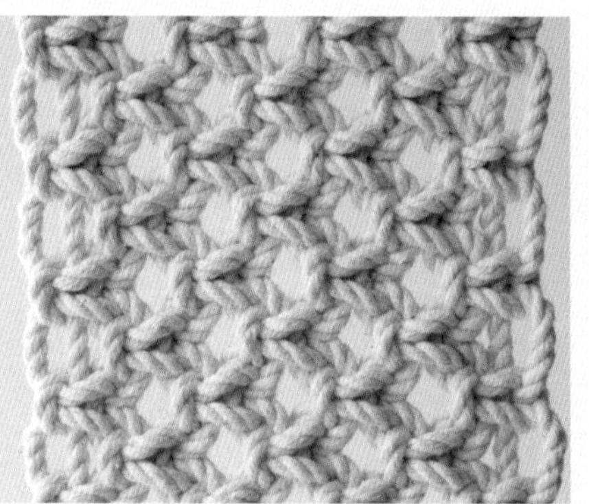

단순히 세트를 반복해 짜거나 세트 수를 추가해 이어 짜는 것만으로도 패턴이 된다. 1세트와 반 세트를 조합해 만들 수도 있다.

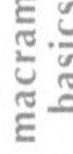

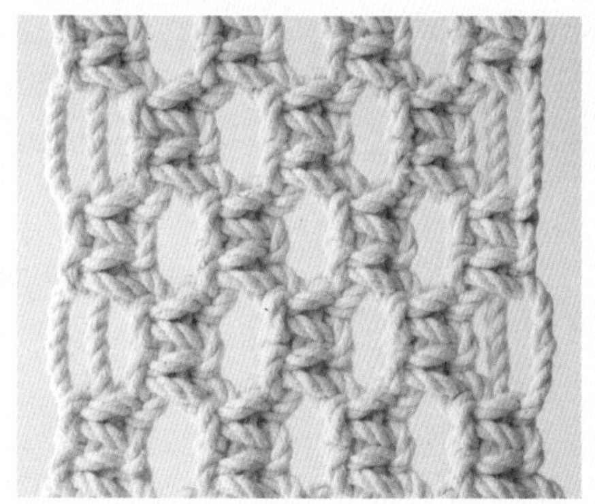
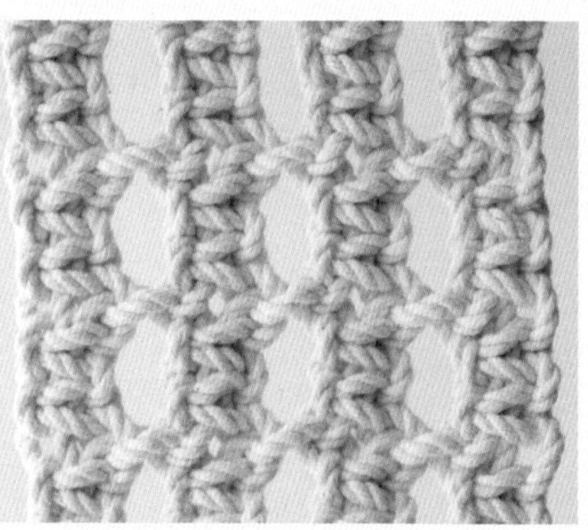

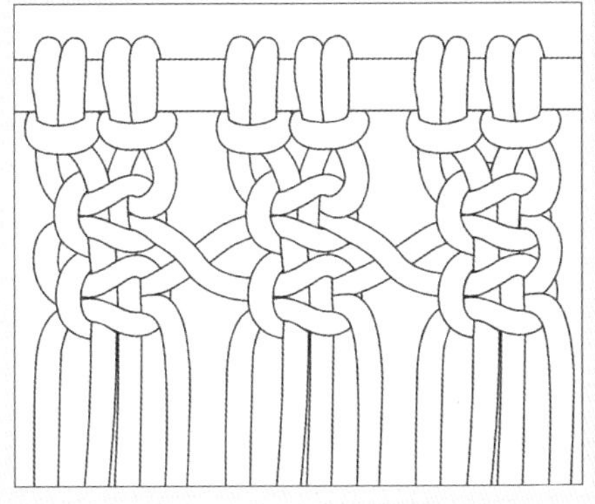
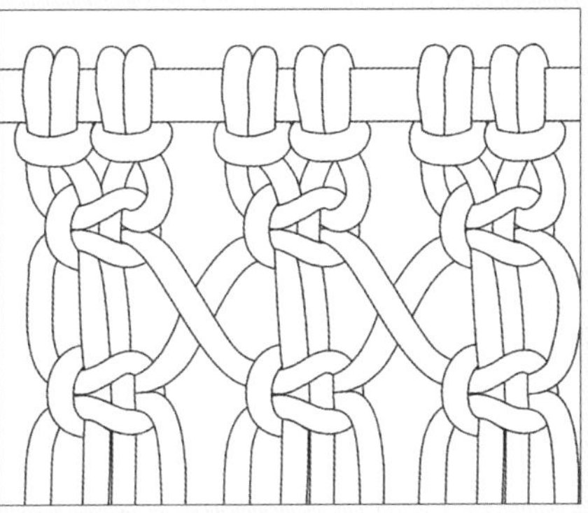

매듭과 매듭 사이에 X자 형태를 넣으면 새로운 느낌의 패턴이 된다. 또 간격을 얼마큼 주느냐에 따라 다르게 연출할 수 있으며, 이때 교차되는 실은 어떤 실이 위로 올라와도 상관없다.

응용 패턴

평 매듭을 반복해 짜면 간단히 입체 장식 효과를 낼 수 있다. 일정한 간격의 반복 패턴을 만들 수도 있고, 불규칙하게 배치해 부분 포인트로 활용할 수도 있다.

평 매듭 볼 만들기

다른 준비물 없이 실만으로 입체 장식 효과를 연출할 수 있는 방법입니다. 평 매듭으로 간단히 만들 수 있어 많이 사용되고, 평 매듭 볼이 들어간 패턴을 만들 때는 최대한 실 길이를 넉넉하게 잡는 것이 좋습니다. 앞머리 매듭과 첫 번째 평 매듭 사이의 공간은 너무 넓지 않도록 주의합니다. 공간이 넓으면 빈 공간이 과도하게 생겨 완성도가 떨어져 보이고 패턴 모양이 예쁘게 나오지 않습니다.

1 평 매듭 4세트를 이어 짠다.

2 바깥쪽 실 2줄을 위쪽에 앞머리 매듭과 첫 번째 평 매듭 사이 공간으로 집어넣고 뒤쪽으로 잡아 당긴다.

3 남은 2줄도 2번과 같은 방법으로 앞머리 매듭과 첫 번째 평 매듭 사이 공간으로 집어넣어 뒤쪽으로 잡아당긴다.

4 평 매듭 볼 완성.

랩핑 매듭

wrapping knot

실을 깔끔하게 하나로 모아 정리하는 데 효과적인 매듭입니다. 플랜트 행잉 등에서 고리를 만들 때나 수술 장식을 만들기 위한 마무리 매듭으로 많이 사용됩니다.

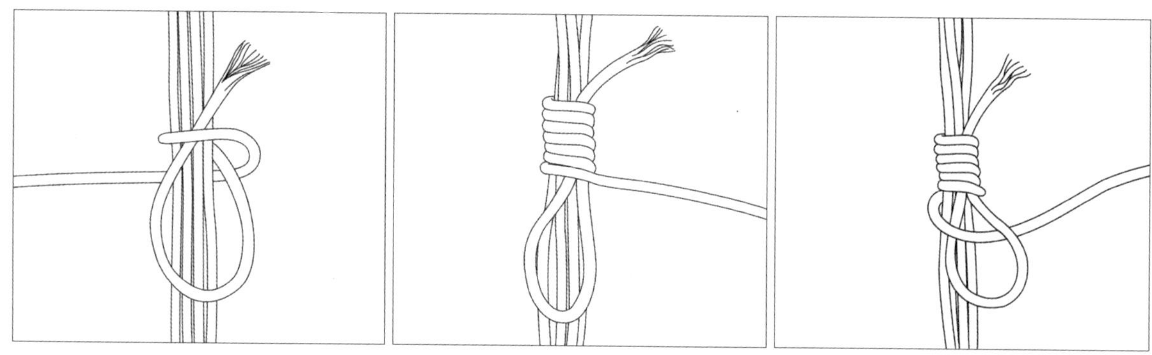

반대 방향

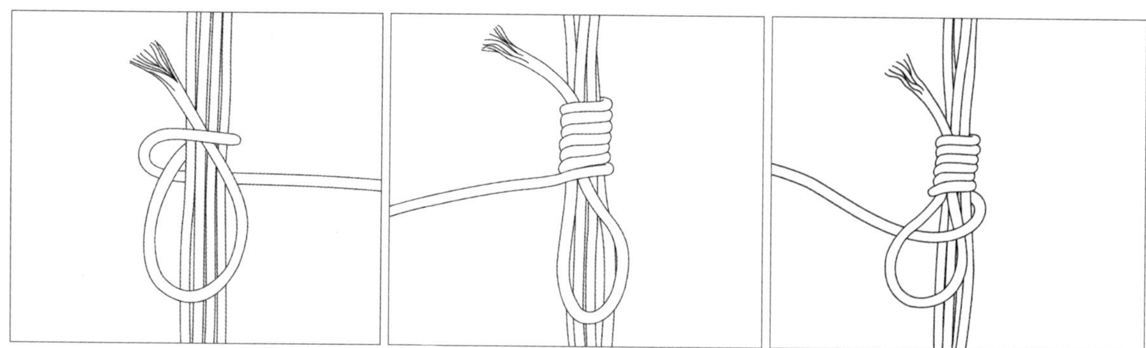

1 하나로 묶을 실을 기둥으로 두고, 실a의 한쪽 끝을 기둥 뒤에서 앞으로 넘겨 타원형 모양을 만든다. ●를 손으로 눌러 잡고 남은 실a를 타원형 위로 감아 내린다.

2 원하는 길이만큼 감은 후 아래쪽 원형 고리에 남은 실을 넣어 뺀다. 실a와 실a'를 양쪽으로 당겨 고리를 감은 실 안쪽으로 넣는다.

tip | 실a와 실a'를 당길 때는 똑같은 힘으로 당긴다. 자칫 실a를 세게 당기면 고리가 나와 실이 풀어질 수 있다.

3 실a와 실a' 양끝을 깔끔하게 잘라 마무리한다.

나선 매듭

spiral knot

평 매듭 반 세트를 일자로 짜서 나선 형태를 만드는 매듭입니다. 매듭 중간중간에 우드 볼 등의 오브제를 넣어 포인트를 줄 수 있습니다.

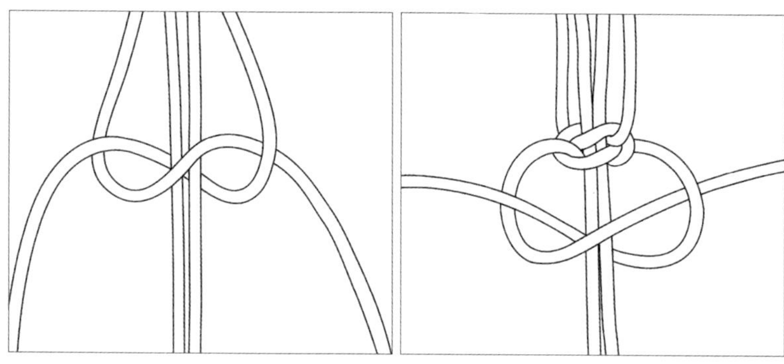

반대 방향

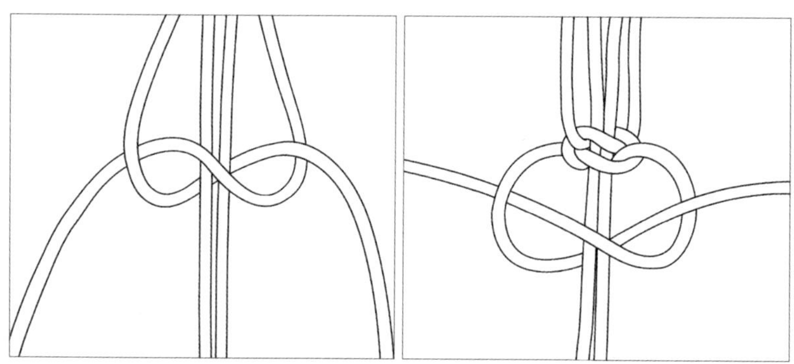

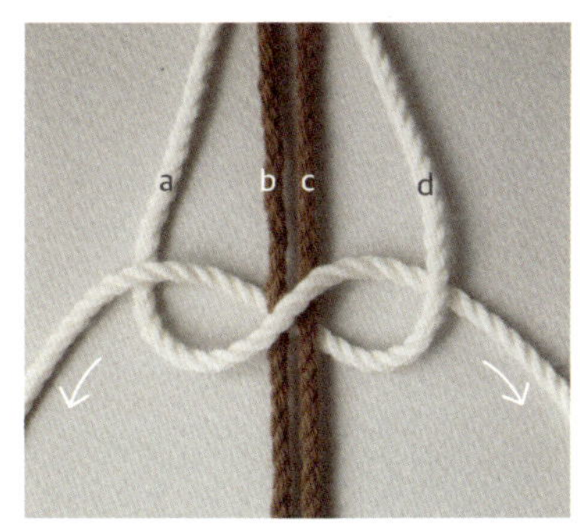

1 실a를 기둥 위를 지나 실d 밑으로 보내고, 실d는 기둥 밑으로 보내 실a의 고리 위로 넘긴다. 실a와 실d를 양옆으로 당긴다.

2 1번과 같은 방법으로 반복해 원하는 길이의 매듭을 짠다.

tip | 같은 방향의 반복 작업이기 때문에 세트 갯수보다는 길이를 재면서 매듭을 만드는 것이 좋다. 위아래 간격이 너무 넓다면 손으로 매듭 아래를 잡고 위로 밀어 올려 간격을 조인다.

스위치 매듭

switch knot

기본 평 매듭으로 시작해 기둥실을 번갈아 바꿔가며 패턴을 만드는 매듭으로 간격을 조절하거나 실의 색과 종류를 달리하면 다양한 질감의 마크라메 작품을 만들 수 있습니다.

반대 방향

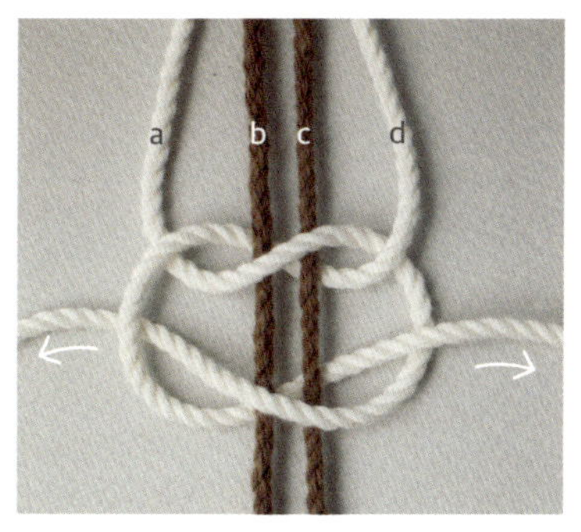

1 실b와 실c를 기둥으로 두고, 실a와 실d로 평 매듭 1세트를 만든다.

2 실b와 실c를 바깥 방향으로 보내고, 실a와 실d를 기둥으로 둔다. 실b와 실c로 평 매듭 1세트를 만든다.

3 1~2번을 반복하며 원하는 길이만큼 매듭을 짠다.

tip | 기둥실을 바꿔 평 매듭을 짜며 생기는 8 모양을 확인한다.

응용 패턴

줄꼬임 패턴이 만들어지기 때문에 단독으로 교차해 면을 짜는 것만으로도 섬세한 표현이 가능하다. 다른 매듭과 함께 사용해도 좋다.

레이스 매듭

alternating vertical lark's head knot

머리 매듭을 수직 방향으로 좌우를 번갈아 레이스 모양처럼 감아 만드는 매듭입니다. 양옆으로 실이 생기기 때문에 활용 폭이 높고, 한 방향으로만 짜면 플랜트 행잉 등의 시작 고리를 만들 수 있습니다.

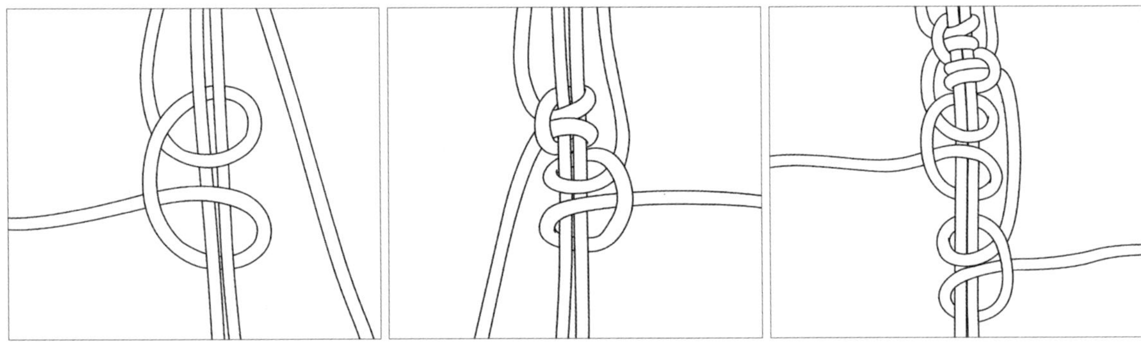

반대 방향

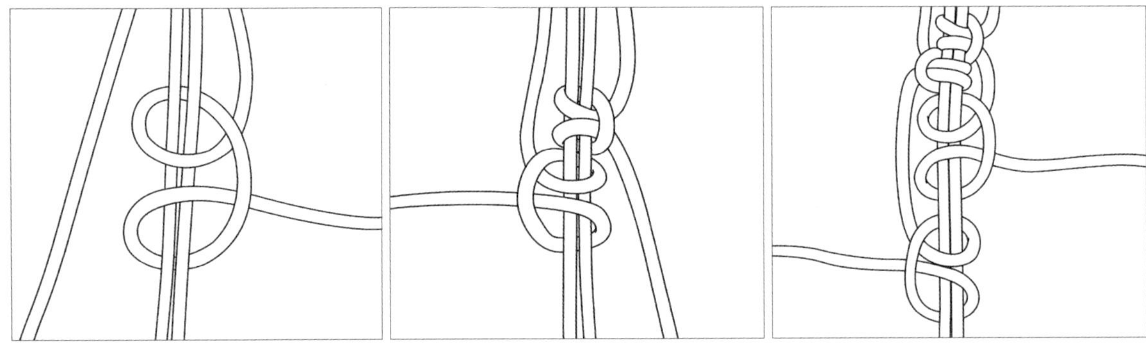

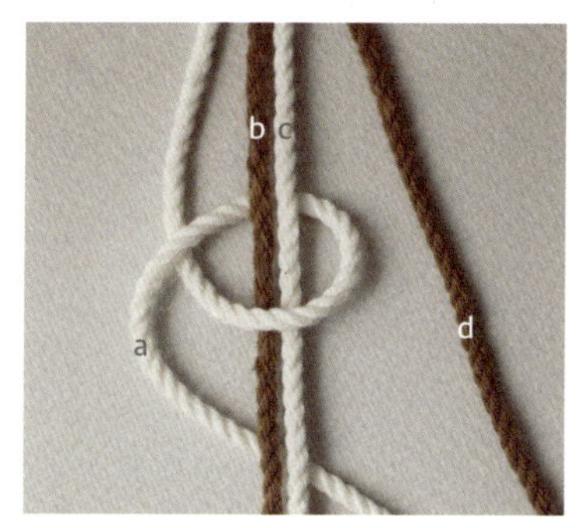

1 실b와 실c를 기둥으로 두고, 실a를 기둥 앞에서 뒤로 한 바퀴 돌린다.

2 실b와 실c를 기둥으로 두고, 실a를 기둥 뒤에서 앞으로 한 바퀴 돌린다. 이때 생긴 구멍 아래로 실a를 넣고 잡아당겨 매듭을 만든다.

3 1~2번과 같은 방법으로 실d도 기둥 앞에서 뒤로 돌린 뒤 잡아당겨 매듭을 만든다.

tip | 만들어진 매듭이 위에 있는 매듭 바로 아래에 붙을 수 있도록 손가락으로 매듭을 밀어 올린다.

4 1~3번처럼 실a와 실d를 번갈아가며 반복해 원하는 길이만큼 매듭을 짠다.

tip | 매듭을 짜 내려가면서 실a와 실d의 대칭이 흐트러지지 않도록 양쪽 매듭사이 간격을 확인하면서 작업한다.

응용 패턴

일자로 짜 선 느낌을 줄 수도 있지만 일정한 간격을 주고 넓게 교차해 짜면 직물 느낌을 연출할 수 있다.

고리 만들기

레이스 매듭을 이용해 행잉 등과 같이 천장이나 벽에 거는 마크라메 작품의 고리를 만드는 방법입니다. 좌우를 번갈아가며 짜는 것이 아니라 기둥실을 기준으로 왼쪽이나 오른쪽 한쪽 방향으로 이어 짭니다. S자 고리에 건 실Ⓐ 한쪽 전체가 기둥실이 되고, 기둥실의 줄 수는 만드는 작품에 따라 달라집니다. 그 외에 레이스 매듭을 만들 실Ⓑ 1줄과 랩핑 매듭을 만들 실Ⓒ 1줄, 총 2줄의 추가 실이 필요합니다.

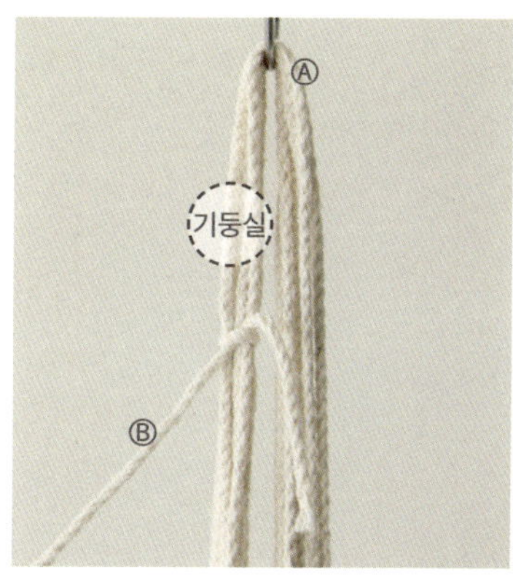

1 실Ⓐ의 양끝을 똑같이 맞추고 반으로 접어 S자 고리에 건 다음, 실Ⓐ 한쪽에 추가 실Ⓑ을 묶는다.

2 추가 실Ⓑ의 짧은 쪽을 위로 올려 잡고, 레이스 매듭을 만든다.

3 2번을 반복해 9cm 길이의 매듭을 짜고, 고리 모양으로 모은다. 매듭을 짜고 남은 실Ⓑ를 포함해 실Ⓐ를 하나로 합쳐 기둥으로 두고, 추가 실Ⓒ를 더해 랩핑 매듭을 만든다. 남은 실Ⓑ와 실Ⓒ는 잘라 정리한다.

회오리 매듭

가장 쉽게 나선 모양을 만들 수 있는 매듭으로, 나선 매듭보다 더 촘촘하고 얇은 선 형태가 만들어집니다.

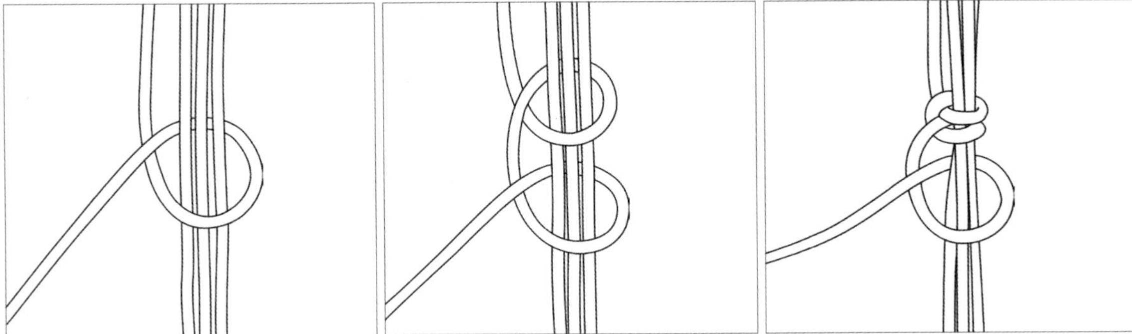

반대 방향

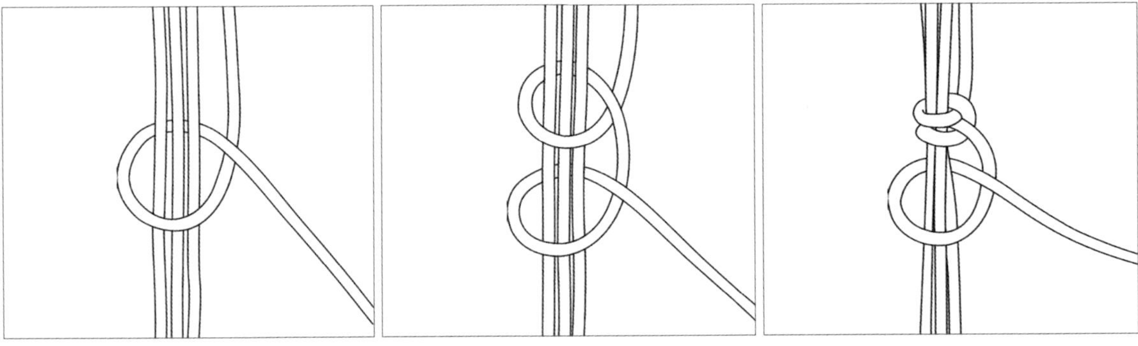

1 중간에 실을 기둥으로 두고, 실a를 기둥 앞에서 뒤로 한 바퀴 돌린다. 실a를 가볍게 잡아당긴다.

2 1번과 같이 다시 실a를 기둥 앞에서 뒤로 한 바퀴 돌린다. 이때 생긴 구멍 위로 실a를 넣고 잡아당겨 매듭을 만든다.

3 1~2번을 반복해 원하는 길이의 매듭을 짠다.

교차 반 매듭

alternating half hitch chain

2줄만 사용해 만들 수 있는 간단한 매듭이면서 다양한 패턴으로 활용이 가능합니다.
매듭을 단단하게 잡아 위로 밀어 올리며 실을 교차해야 형태가 무너지지 않습니다.

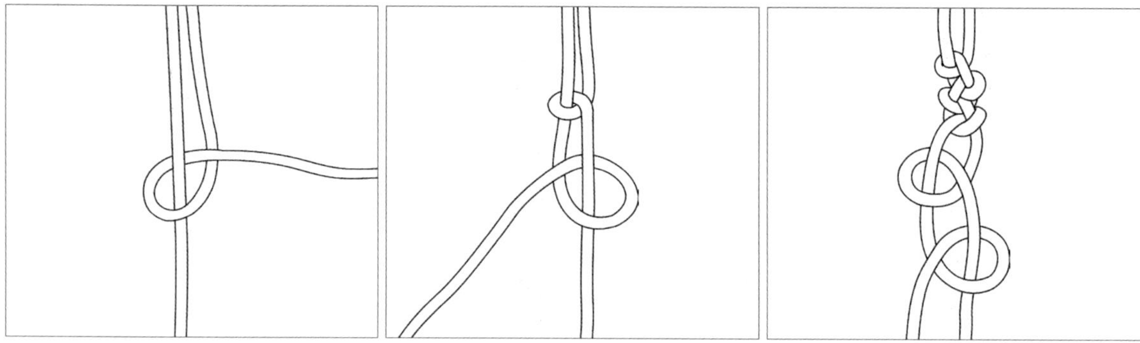

반대 방향

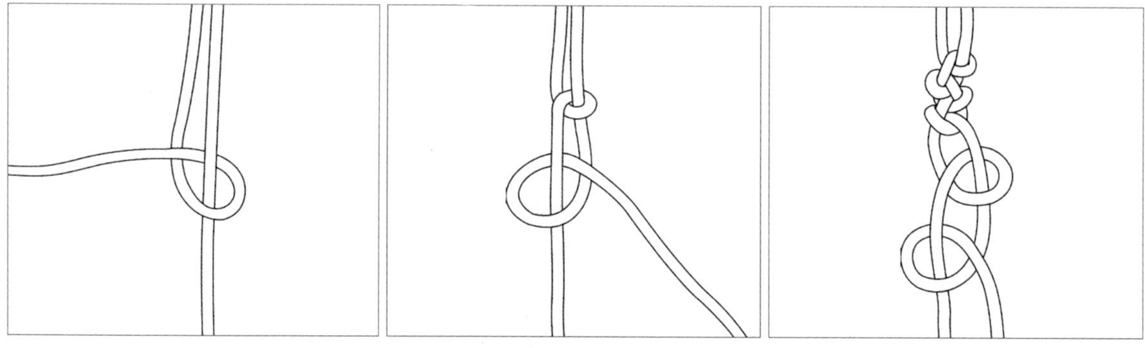

1 실b를 실a 앞에서 뒤로 한 바퀴 돌려 감는다.

2 실b를 위로 끌어올리듯 잡아당겼다 사선 아래로 내려 매듭을 만들고, 실a를 실b 앞에서 뒤로 한 바퀴 돌려 감는다.

3 2번과 같이 실a를 위로 끌어올리듯 잡아당겼다 사선 아래로 내려 매듭을 만든다. 1~3번을 반복해 원하는 길이의 매듭을 짠다.

응용 패턴

2줄로 만들어지기 때문에 좀 더 가벼운 직물 느낌의 작품을 만들 수 있고, 컬러 변화를 주거나 다른 매듭과 섞어 만들기 좋다.

바 매듭

clove hitch knot

평 매듭만큼 많이 사용하는 매듭으로 가로, 사선 방향으로 자유롭게 V자, X자, 마름모 등 다양한 패턴을 만들 수 있는 쓰임이 많은 기법입니다. 대형 작품의 경우 패턴과 패턴의 구간을 나누는 구분선 역할을 하기도 합니다.

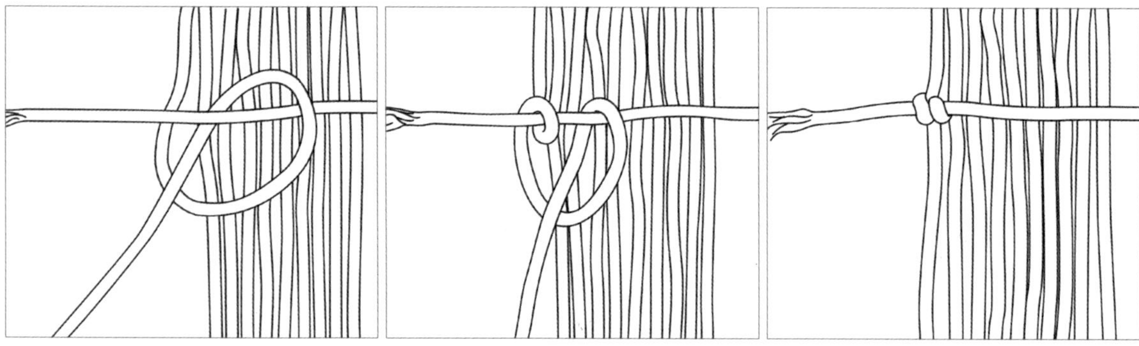

반대 방향

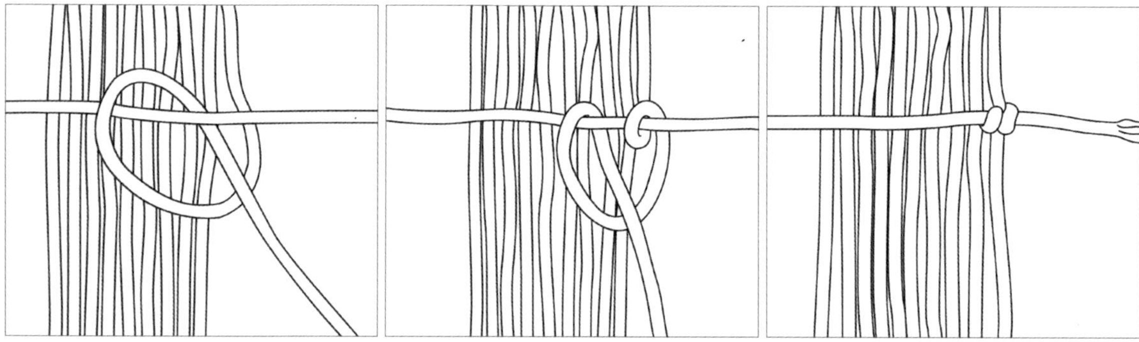

1 추가 실a에 실b를 뒤에서 앞으로 올려 감고, 똑같이 한 번 더 감아 올려 U자를 만든다. 실b의 끝을 U자 고리 앞쪽으로 빼 잡아당겨 매듭을 만든다.

2 1번과 같은 방법으로 실a에 세로로 걸린 실들을 차례로 감아 바 매듭을 1줄 짠다.

3 실a를 내려 위의 바 매듭과 수평으로 놓고, 1번과 같은 방법으로 실c를 감는다. 실a와 실c를 잡아당겨 매듭을 만든다.

4 1~3번을 반복해 원하는 길이만큼 매듭을 짠다.

수직 바 매듭

vertical clove hitch knot

바 매듭을 수직방향으로 만드는 매듭입니다. 컬러 면사 등 다른 종류의 실을 추가하기 쉬워 한글과 영문 알파벳 같은 글씨도 표현할 수 있습니다.

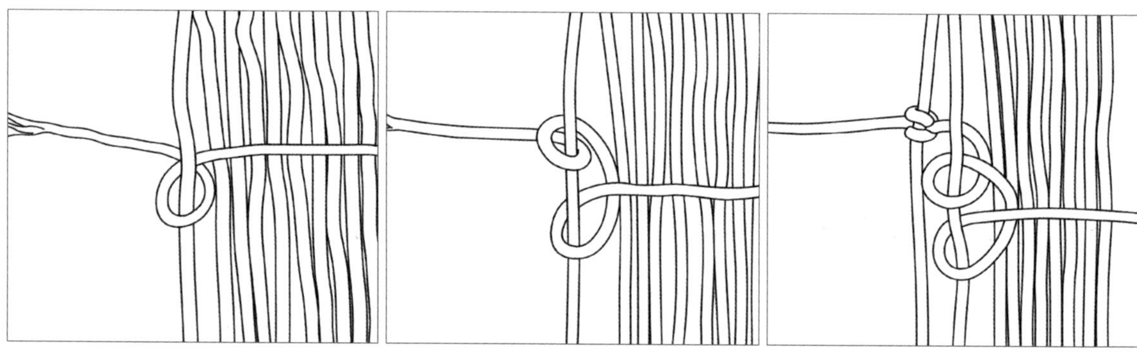

반대 방향

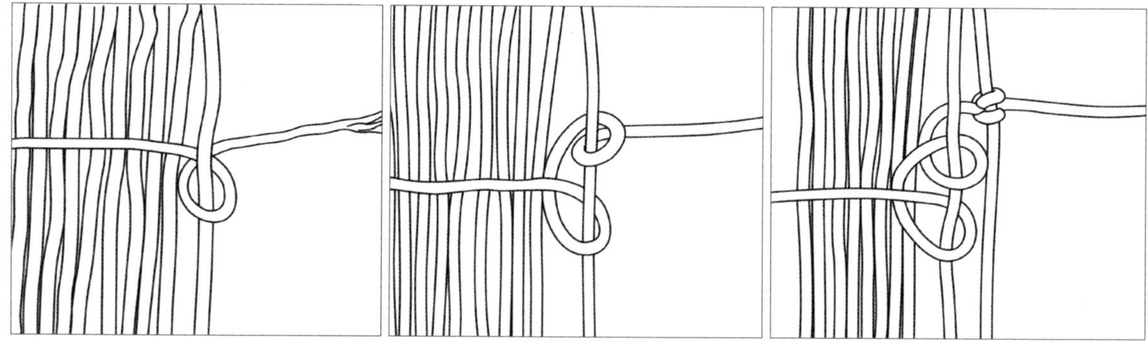

1 추가 실a를 실b 뒤로 보내고, 실a를 실b에 뒤에서 앞으로 1바퀴 돌려 감는다.

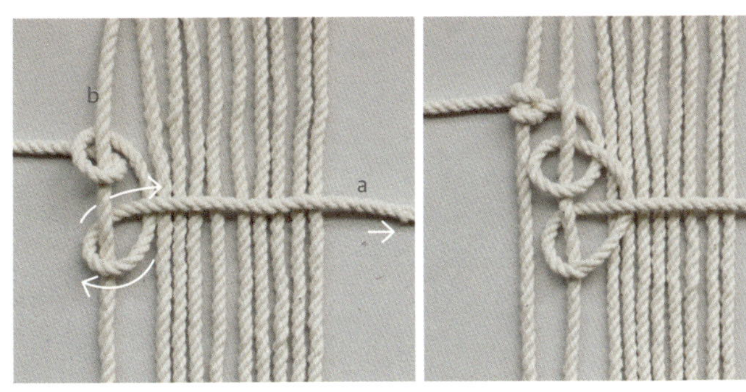

2 1번과 같이 다시 실a를 실b 뒤에서 앞으로 1바퀴 돌려 감고, 실a를 옆으로 잡아당겨 매듭을 만든다.

3 1~2번을 반복해 매듭 1줄을 짠다.
tip | 추가 실a는 항상 다음 실 뒤쪽에 위치한다.

4 실a를 가장자리 끝부분 실b' 뒤로 보내고, 실a를 실b'에 뒤에서 앞으로 1바퀴 돌려 감는다.

5 4번과 같이 다시 실a를 실b' 뒤에서 앞으로 1바퀴 돌려 감고 실a를 옆으로 잡아당겨 매듭을 만든다. 4~5번을 반복해 매듭 1줄을 짠다.
tip | 4번처럼 가장자리 끝부분에서 추가 실a의 방향을 바꿔 반복해 작업하면 얼마든지 원하는 길이의 매듭을 짤 수 있다. 단, 이때 추가 실a는 항상 다음 실 뒤쪽에 위치한다.

바 매듭 응용 패턴

줄 수에 상관없이 가로, 사선 방향으로 엮어 사각형, 원형, 삼각형 등 다양한 도형과 곡선을 만들 수 있다.

수직 바 매듭 응용 패턴

일정한 간격을 주고 X자로 형태를 넣으면 전혀 다른 스타일이 된다. 반복해 물결 모양을 만들 수도 있다.

컬러 면사나 마끈, 털실 등 다른 질감을 가진 실을 사용하면 색다른 느낌을 줄 수 있다.

기본 매듭을 배우고 손에 익히는 연습을 해보았다면, 이제 본격적으로 작품을 만들 차례입니다. 코스터부터, 행잉, 리스, 가랜드, 벽 장식까지 활용도 만점의 마크라메 소품들을 소개합니다. 행복으로 가득 차는 여유로운 취미 시간을 즐겨보세요.

macramé projects

2

macramé projects

화이트 코스터

white coaster

마크라메에서 가장 기본이 되는 평 매듭과 바 매듭만으로 완성한 심플 코스터다. 코스터뿐 아니라 액세서리를 두는 매트 등으로 다양하게 활용할 수 있다.

준비물

1m 60cm 길이 60합 면사 14줄
20cm 나무 봉
돗바늘
빗
가위

사용 매듭

앞머리 매듭(lark's head knot)
바 매듭(clove hitch knot)
평 매듭(square knot)

1 면사 14줄을 앞머리 매듭으로 나무 봉에 건다.

2 왼쪽 끝부분에 위치한 실Ⓐ를 나무 봉에서 9cm~10cm 정도 떨어진 지점에 수평으로 놓고, 뒤쪽의 실을 하나씩 감아 바 매듭 1줄을 짠다.
tip | 봉에서 9cm~10cm 정도 떨어진 부분은 완성 후 수술 장식이 될 부분이다. 원하는 수술 길이에 맞춰 길이를 조절해도 된다.

3 왼쪽부터 4줄씩 나눠 평 매듭 1세트를 1줄 짠다.
tip | 실Ⓐ도 잊지 말고 포함해 평 매듭을 마무리한다.

5

평 매듭 1세트

평 매듭 반 세트

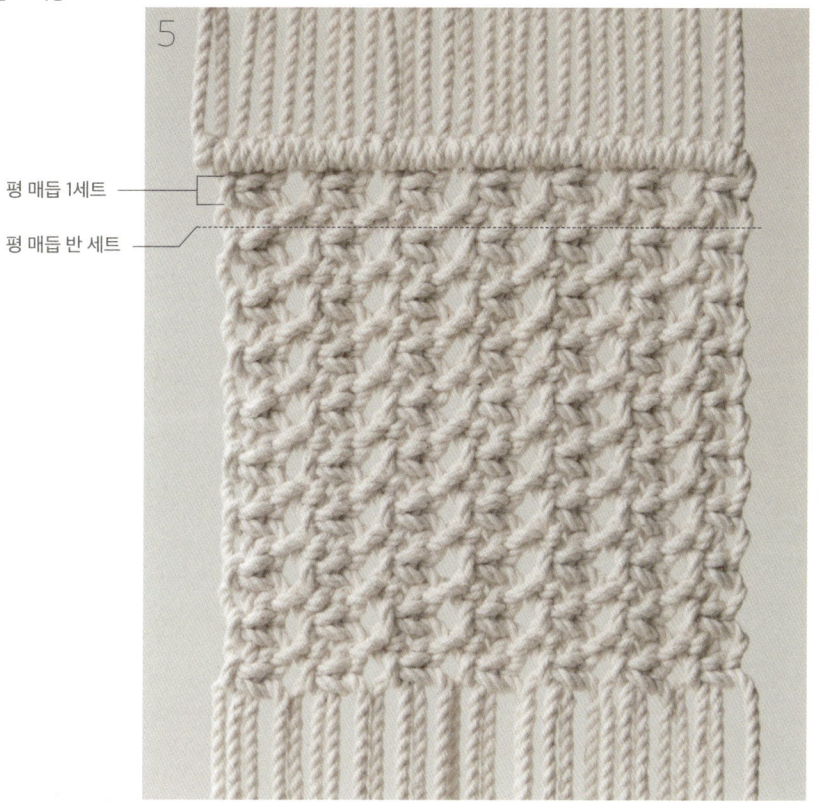

4 매듭과 매듭 사이 ●공간 아래의 실 각각을 기둥으로 두고, 평 매듭 반 세트를 1줄 짠다.

5 평 매듭 1세트 1줄과 평 매듭 반 세트 1줄을 반복해서 10cm~15cm 정도 길이로 짠다.

6 2번과 같은 방법으로 왼쪽 끝부분에 위치한 실Ⓑ를 나무 봉과 수평으로 놓고, 뒤쪽의 실을 하나씩 감아 바 매듭 1줄을 짠다.

7 거꾸로 뒤집은 다음 삐져나온 실Ⓑ를 돗바늘에 끼워 매듭 안으로 넣는다. 길게 나온 실은 짧게 잘라 정리한다.

tip | 자른 실끝을 섬유용 본드로 고정해도 좋다.

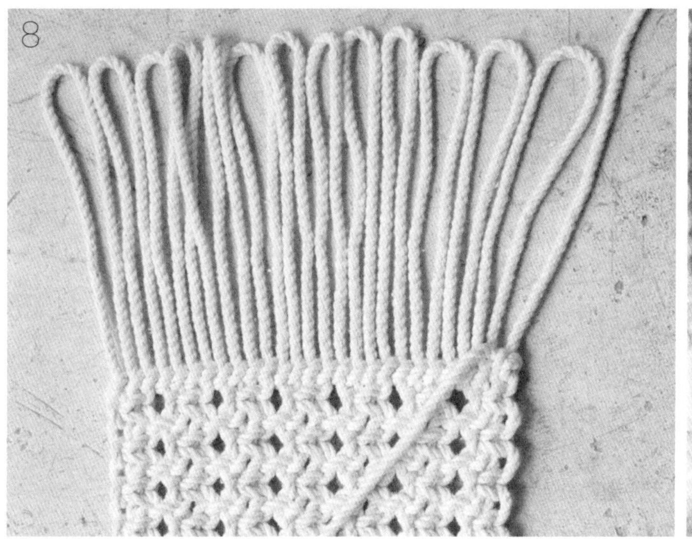

8 뒤집은 상태에서 나무 봉을 빼고, 가장 오른쪽의 첫 번째 고리를 자른다. 자른 맨 끝 쪽 실을 돗바늘에 끼우고 매듭 안으로 넣는다. 길게 나온 실은 짧게 잘라 정리한다.

9 위쪽과 아래쪽 실을 각각 원하는 길이로 자르고, 빗으로 실을 풀어 수술 장식을 만든다.

스트라이프 코스터

컬러 면사를 사용해 포인트를 넣은 스트라이프 코스터다. 다양한 색상만큼 개성있는 코스터 세트를 완성할 수 있다. 그레이와 블랙 면사를 사용하면 또 다른 느낌의 모던한 코스터가 된다.

준비물

실a(1m 길이 48합 면사 6줄)
실b(1m 길이 48합 컬러 면사 5줄)
20cm 나무 봉
돗바늘
빗
가위

사용 매듭

앞머리 매듭(lark's head knot)
바 매듭(clove hitch knot)
평 매듭(square knot)

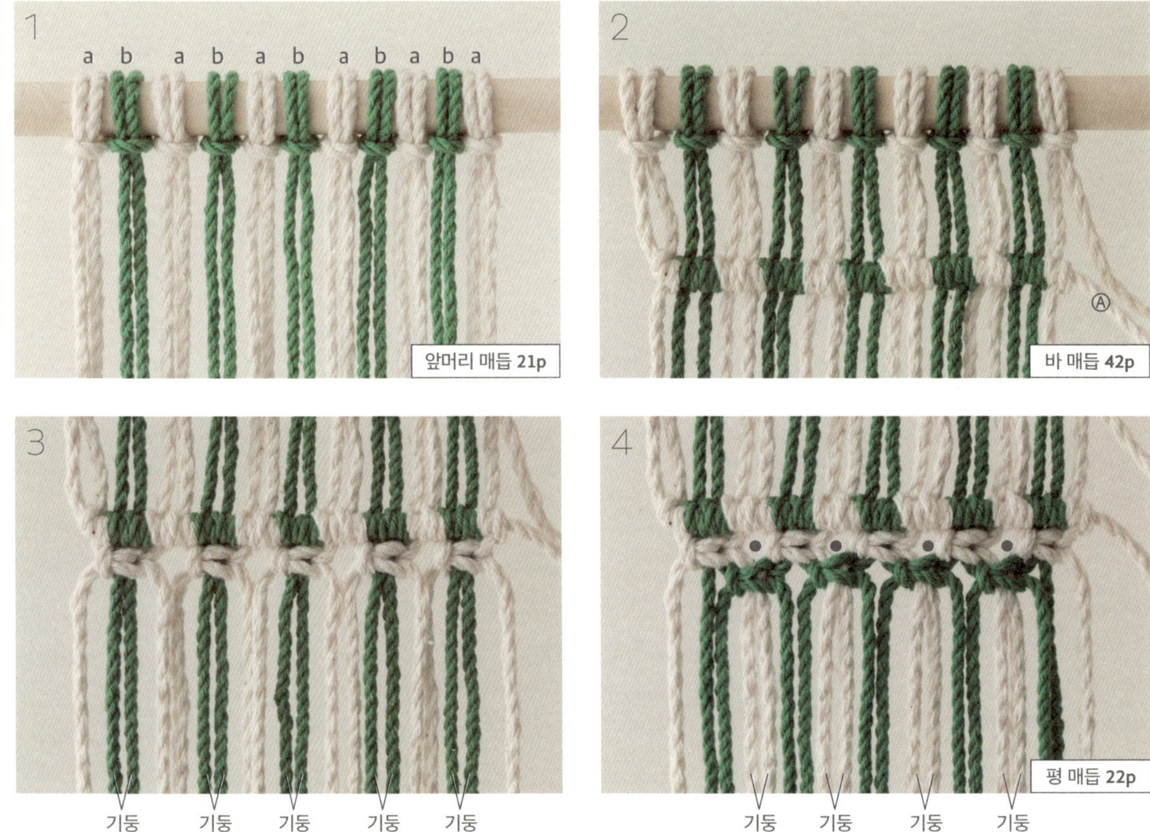

1 실a 6줄과 실b 5줄을 앞머리 매듭으로 나무 봉에 번갈아 건다.

2 왼쪽 끝부분에 위치한 실Ⓐ를 나무 봉에서 9cm~10cm 정도 떨어진 지점에 수평으로 놓고, 뒤쪽의 실을 하나씩 감아 바 매듭 1줄을 짠다.
tip | 좌우가 대칭인 스트라이프 패턴을 만들기 위해 오른쪽 끝의 실 1줄은 매듭을 짜지 않고 빼놓는다.

3 실b 각각을 기둥으로 두고, 평매듭 1세트를 1줄 짠다.

4 매듭과 매듭 사이 ●공간 아래의 실a 각각을 기둥으로 두고, 평 매듭 1세트를 1줄 짠다.

5 3~4번 과정을 반복해 평 매듭 1세트를 11줄 짠다.

tip | 개인마다 손의 힘이 다르기 때문에 매듭 사이사이 간격이 달라 코스터의 길이가 짧을 수 있다. 그럴 때는 넉넉히 15줄 정도 짠다.

6 실Ⓐ를 맨 아래 왼쪽 끝으로 내린 뒤 나무 봉과 수평으로 놓고, 뒤쪽의 실을 하나씩 감아 바 매듭 1줄을 짠다. 사선으로 뻗은 실Ⓐ의 중간 지점을 가위로 자른다.

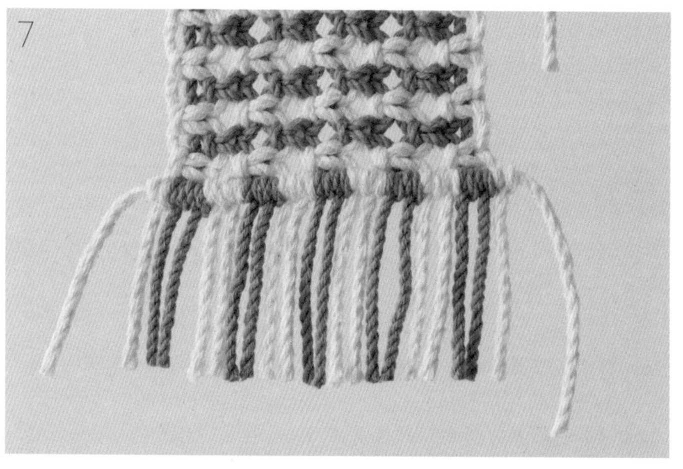

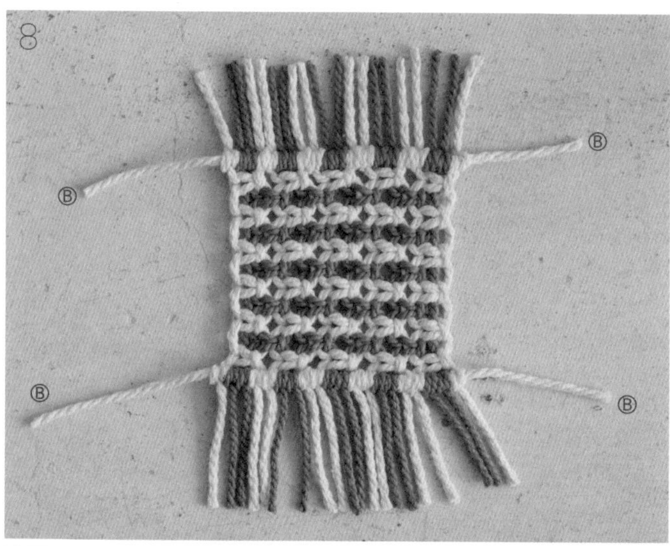

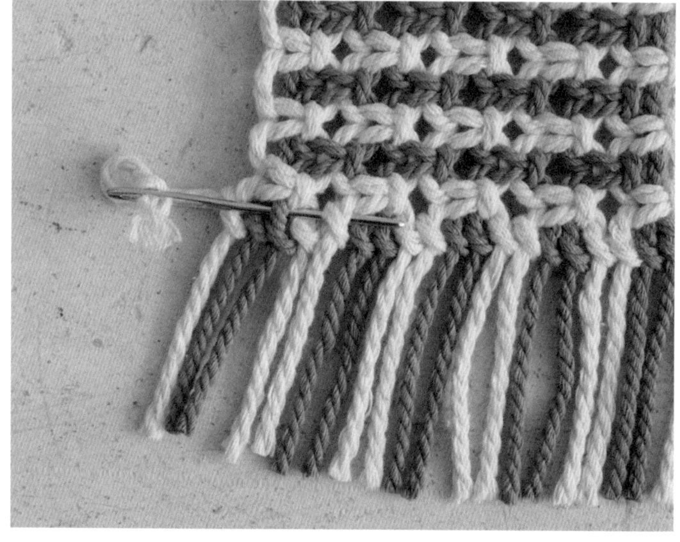

7 아래쪽 실을 원하는 길이로 자르고 나무 봉을 뺀다. 위쪽 실도 아래쪽과 같은 길이로 자른 다음 거꾸로 뒤집는다.

8 사방으로 삐져나온 실Ⓑ를 돗바늘에 끼워 매듭 안으로 넣는다. 길게 나온 실은 짧게 잘라주고, 빗으로 실을 풀어 수술 장식을 만든다.

매트 플레이트

가운데 컬러 면사 포인트가 매력적인 매트 플레이트다. 책, 화분 등 오브제를 올려 집 안의 분위기를 살리는 인테리어 아이템으로 사용하거나 음식과 함께 연출해 멋진 플레이팅 소품으로 활용해도 좋다.

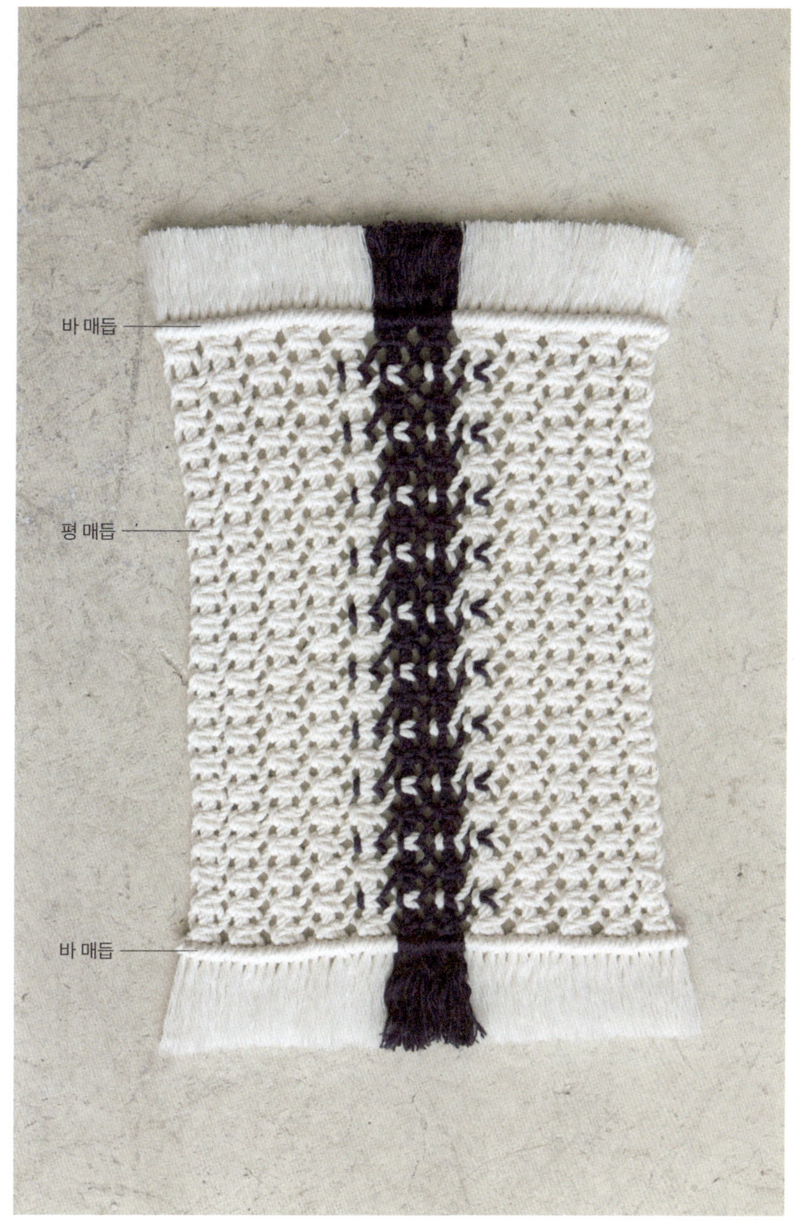

준비물

실a(3m 길이 48합 면사 20줄)
실b(3m 길이 48합 컬러 면사 4줄)
실c(40cm 길이 48합 면사 2줄)
20cm 나무 봉
돗바늘
빗
가위

사용 매듭

앞머리 매듭(lark's head knot)
바 매듭(clove hitch knot)
평 매듭(square knot)

1 실a 10줄과 실b 4줄 다시 실a 10줄을 순서대로 앞머리 매듭으로 나무 봉에 건다.

2 실c 1줄을 봉에서 5cm~8cm 정도 떨어진 지점에 나무 봉과 수평으로 놓고, 뒤쪽의 실을 하나씩 차례대로 감아 바 매듭 1줄을 짠다.

3 평 매듭 1세트를 1줄 짜고, 매듭과 매듭 사이 ● 아래 실을 X자로 교차한 다음 평 매듭 1세트를 1줄 짠다.

tip | 실을 X자로 교차할 때는 왼쪽 실이 위로 와도 되고, 사진처럼 오른쪽 실이 위로 와도 상관없다.

4 X자 형태가 보일 수 있도록 위아래 줄 간격을 알맞게 띄워 유지하면서 3번 과정을 반복해 20~30cm 정도 길이로 짠다.

tip | 줄 간격에 따라 서로 다른 느낌이 나는 긴 형태의 X자 패턴과 짧은 형태의 X자 패턴을 만들 수 있다.

5 남은 실c 1줄을 평 매듭 아래에 나무 봉과 수평으로 놓고, 뒤쪽의 실을 하나씩 차례대로 감아 바 매듭 1줄을 짠다. 나무 봉을 빼고, 거꾸로 뒤집어 사방으로 삐져나온 실c를 돗바늘에 끼워 매듭 안으로 넣는다. 길게 나온 실은 짧게 자른다. 위아래의 남은 실을 원하는 길이로 자른 다음 빗으로 실을 풀어 수술 장식을 만든다.

KINFOLK TABLE
KINFOLK TABLE

플랜트 행잉

천장이나 벽에 걸 수 있는 마크라메 행잉으로 식물과 잘 어울려 플랜테리어 소품으로 제격이다. 넣는 오브제의 종류에 따라 빈티지함부터 고급스러운 분위기까지 다양하게 연출할 수 있다. 기본 화분은 물론 우드 화분, 라탄 바구니, 유리볼 등 각자의 취향에 맞는 오브제들을 자유롭게 활용해보자.

준비물

실a(5m 50cm 길이 60합 면사 8줄)
실b(1m 길이 48합 면사 3줄)
가위
S자 고리
화분

사용 매듭

레이스 매듭(alternating vertical lark's head knot)
평 매듭(square knot)
나선 매듭(spiral knot)
교차 반 매듭(alternating half hitch chain)
랩핑 매듭(wrapping knot)

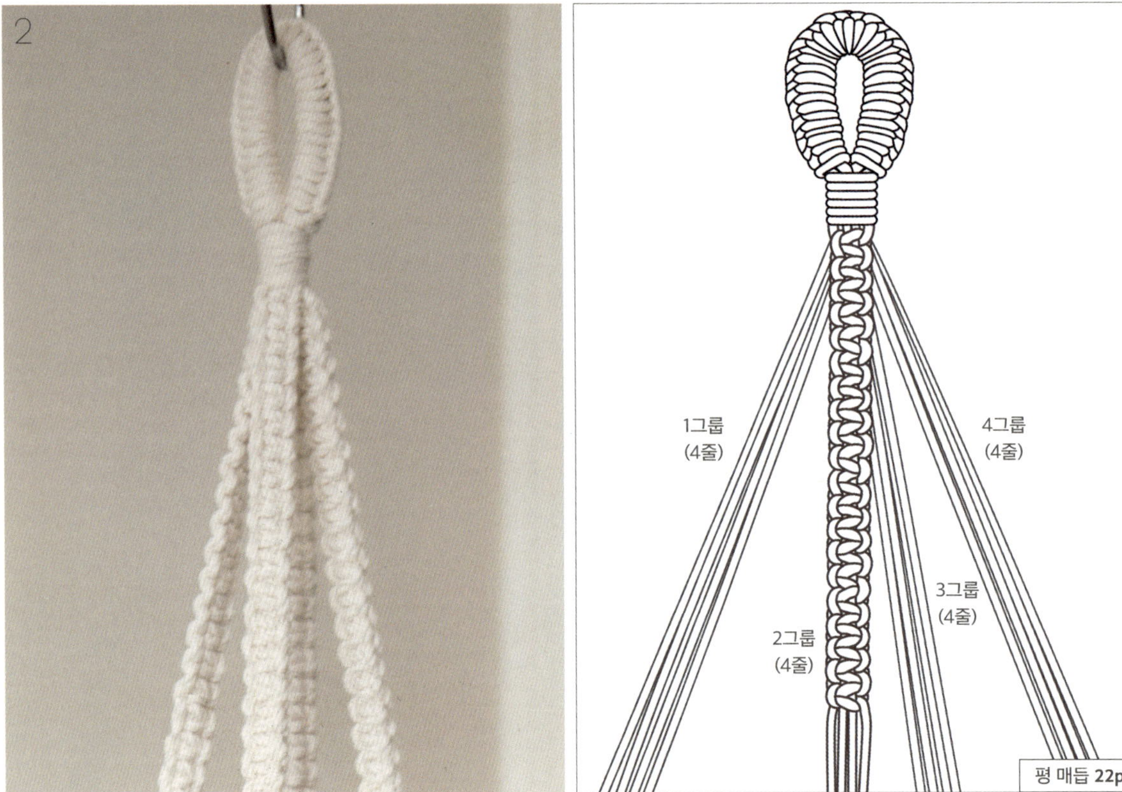

1 실a 8줄 실b 2줄을 사용해 고리를 만든다.

2 실a 16줄을 4줄씩 4그룹으로 나누고, 각각 평 매듭을 15cm 길이로 짠다.

나선 매듭 30p

교차 반 매듭 40p

3 평 매듭을 짠 4그룹 각각에 이어서 나선 매듭을 5cm 길이로 짜고, 다시 평 매듭을 13cm 정도 길이로 짠다.

4 4그룹으로 나눈 실a를 다시 2줄씩 8그룹으로 나누고, 교차 반 매듭을 5cm 정도 길이로 짠다.

5 연결할 화분의 중심에 맞춰 8그룹의 실로 마름모 형태를 잡아 평 매듭으로 고정시키고, 남은 실은 화분 아래에 +자 모양으로 모은다. 남은 실b 1줄을 더해 립핑 매듭으로 마무리한다.

행잉 오브제 연결 포인트

마크라메 행잉 작품에는 화분, 바구니, 유리볼 등 다양한 종류의 오브제를 연결할 수 있다. 하지만 크기와 모양이 모두 다른 오브제를 자유롭게 활용하기 위해서는 실과 오브제를 잇는 연결 포인트를 알아야 한다. 오브제를 연결할 때 가장 중요한 것은 그림1, 그림2와 같이 오브제의 '마름모'를 찾는 것이다. 실로 오브제의 위와 중심, 아랫부분 세 지점을 지나는 마름모 형태를 잡고, 실이 교차하는 지점에 평 매듭을 만들어 고정한다.

이때 마름모의 좌우 양옆이 화분의 중심부분에 정확히 위치해야 오브제가 빠지지 않으므로 꼼꼼히 확인한다. 수평이 무너지지 않도록 주의하고, 비뚤어졌을 때는 매듭을 풀고 다시 마름모의 위치를 잡는다. 마름모의 위치를 제대로 잡아 매듭으로 실을 고정하면, 오브제가 빠질 걱정 없이 그림3처럼 원하는 모양으로 다양하게 디자인을 바꿀 수 있다. 여러 종류의 오브제로 연결 포인트를 찾는 연습을 해보자.

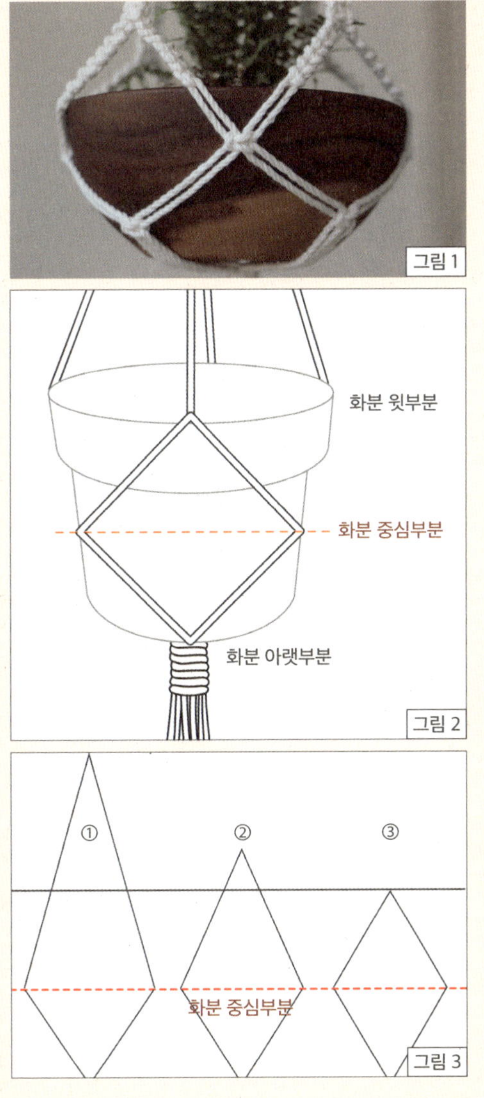

바구니 행잉

우드링으로 형태를 잡은 마크라메 바구니 행잉으로 원하는 물건을 다양하게 넣을 수 있다. 실용성과 디자인을 고루 갖춘 스테디 아이템으로 부엌이나 베란다에 과일이나 채소 등을 보관하는 일상을 특별하게 만든다.

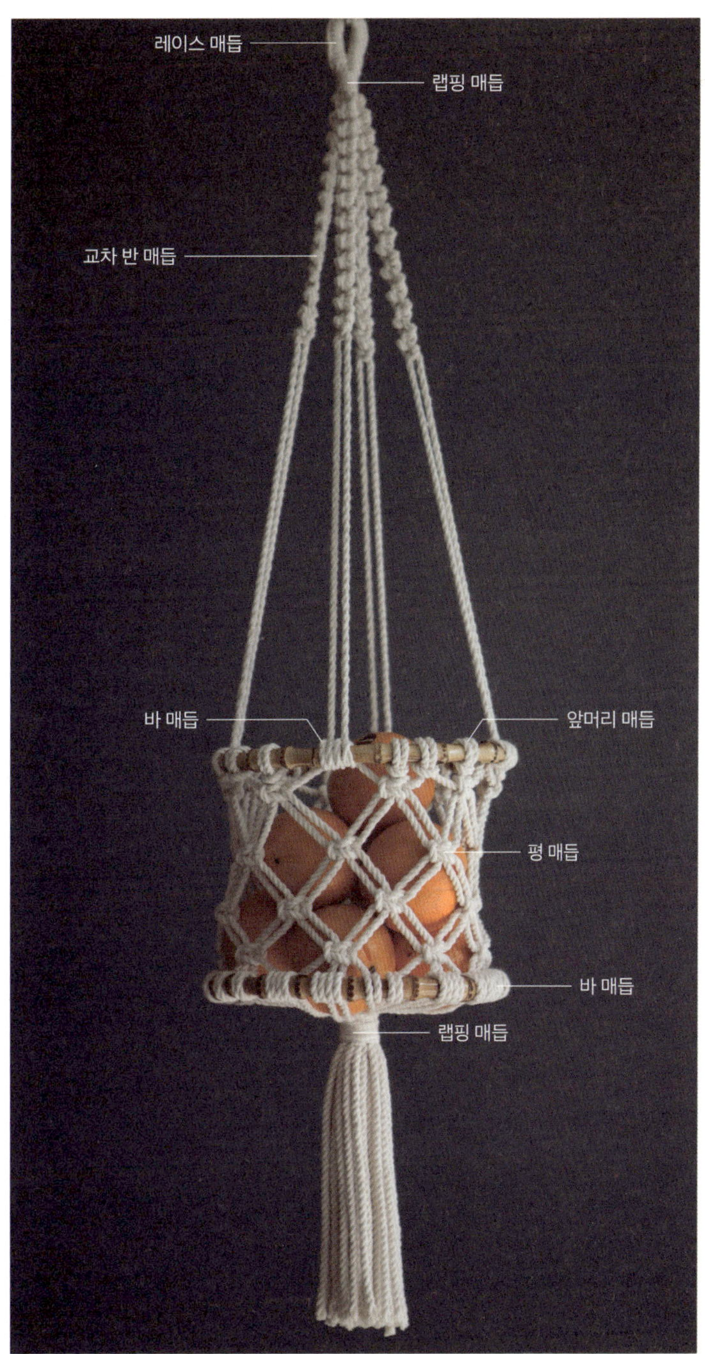

준비물

실a(5m 길이 150합 면사 4줄)
실b(2m 20cm 길이 150합 면사 12줄)
실c(1m 길이 48합 면사 3줄)
가위
지름 20cm 우드링 2개
S자 고리

사용 매듭

레이스 매듭(alternating vertical lark's head knot)
교차 반 매듭(alternating half hitch chain)
앞머리 매듭(lark's head knot)
바 매듭(clove hitch knots)
랩핑 매듭(wrapping knot)

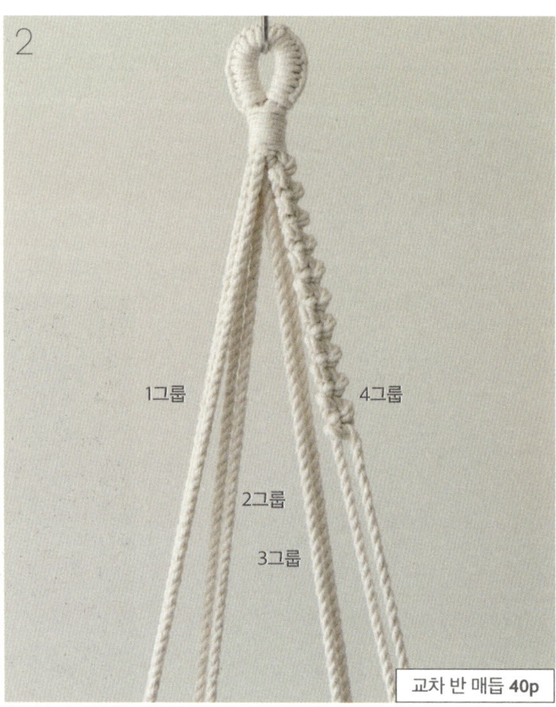

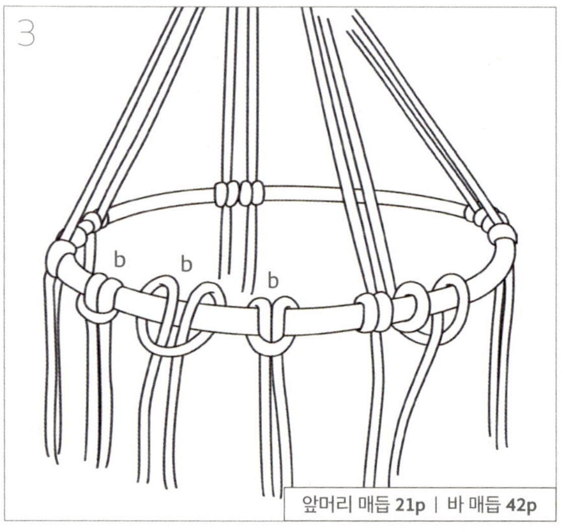

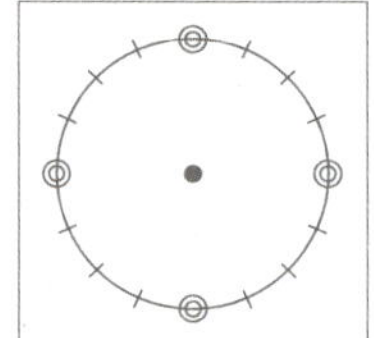

1 실a 4줄과 실c 2줄을 사용해 고리를 만든다.

2 실a 8줄을 2줄씩 4그룹으로 나누고, 각각 교차 반 매듭을 16cm 정도 길이로 짠다.

3 맨 위쪽 고리에서부터 50cm 떨어진 지점에 우드링을 두고, 4그룹으로 나눈 실a 8줄을 우드링을 4등분한 ◎위치 네 곳에 바 매듭으로 연결한다. 이어서 실b 12줄을 우드링의 ◎와 ◎사이에 각각 3개씩 앞머리 매듭으로 건나.

tip | 좌우 수평이 맞는지 작업 틈틈이 확인한다.

4 바 매듭으로 연결한 실a(◎위치) 옆에 실b 2줄을 기둥으로 두고, 우드링을 돌려가며 평 매듭 1세트를 1줄 짠다.

5 매듭과 매듭 사이 ●공간 아래 2줄을 기둥으로 두고, 일정한 간격을 띄운 다음 우드링을 돌려가며 평 매듭 1세트를 1줄 더 짠다.

tip | 매듭 사이 간격은 넣어 보관할 물건에 맞춰 알맞게 조정하고, 작은 물건일수록 매듭 사이의 간격을 좁게 잡는다.

6 5번과 같은 방법으로 평 매듭 1세트를 2줄 더 짜 그물 패턴을 만든다.

tip | 매듭 사이의 수평과 간격이 똑같이 유지되는지 틈틈이 확인하며 작업한다.

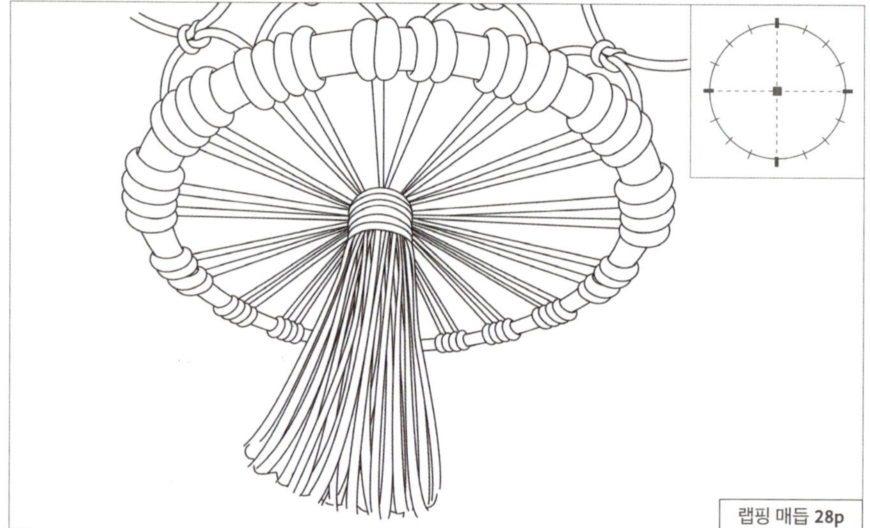

7 우드링을 4등분한 위치에 실을 2줄씩 바 매듭으로 연결해 중심을 잡은 후, 나머지 실들을 간격을 유지하며 바 매듭으로 연결한다. 모든 실을 하나로 모으고 남은 실c를 더해 랩핑 매듭으로 마무리한다.

tip | 아래로 길게 늘어진 실은 원하는 길이만큼 잘라 모양을 낸다.

오브제 리스

우드링에 평 매듭과 나선 매듭으로 패턴 이미지를 만든 리스다. 생화, 드라이플라워 등의 식물 소재들로 꾸며 계절마다 다른 느낌을 연출할 수 있다.

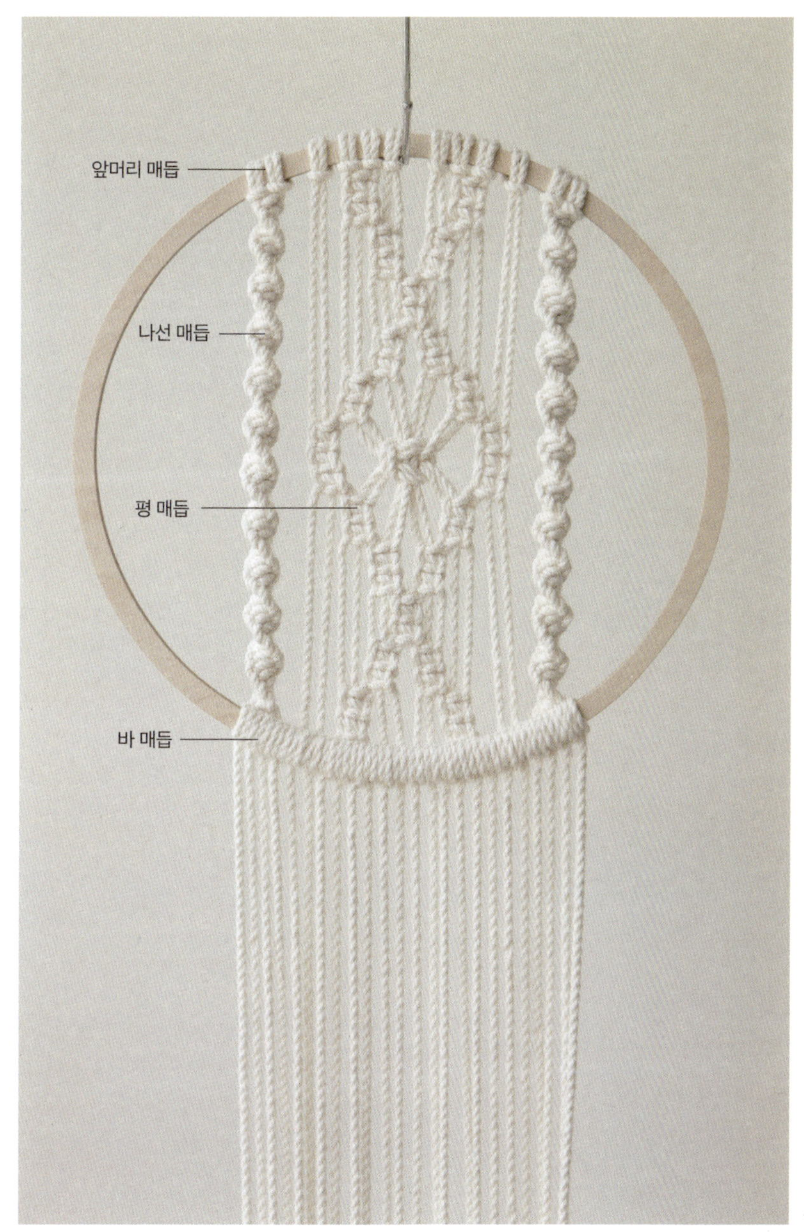

준비물

실a(2m 60cm 길이 60합 면사 4줄)
실b(2m 30cm 길이 60합 면사 8줄)
지름 24cm 우드링
가위
철사
꽃가위
꽃 또는 기타 식물 소재
S자 고리

사용 매듭

앞머리 매듭(lark's head knot)
평 매듭(square knot)
나선 매듭(half square knot)
바 매듭(clove hitch knot)

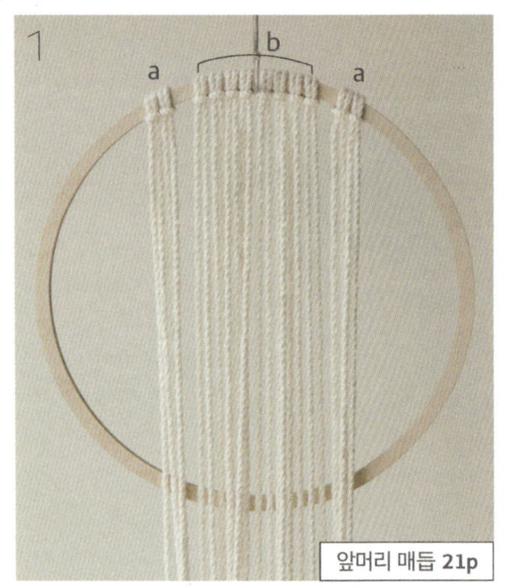

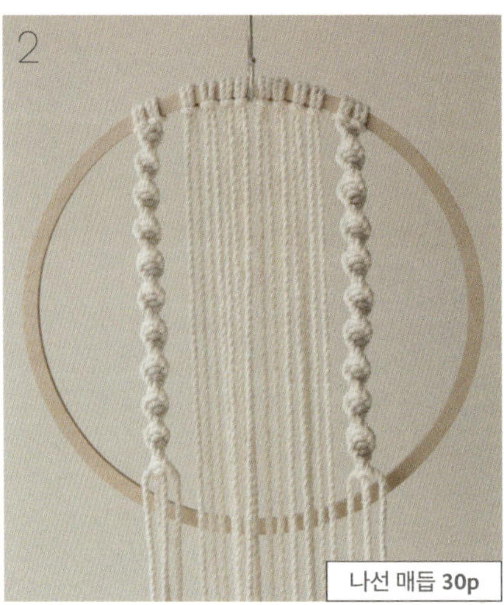

1 지름 24cm 우드링에 실b 8줄을 앞머리 매듭으로 걸고, 그 양옆으로 실a를 2줄씩 앞머리 매듭으로 건다.

2 양끝의 실a를 나선 매듭으로 우드링의 세로 길이만큼 엮는다.

3 ▼아래 실b 8줄로 각각 평 매듭 2세트를 짜고, 이어서 평 매듭 반 세트를 짠다.

4 양옆에 각각 4줄씩을 빼고 안쪽 실로 평 매듭 2세트를 짜고, 이어서 평 매듭 반 세트를 짠다.

tip | 각 매듭의 줄 간격과 수평이 같은지 틈틈이 확인하며 작업한다.

5 가운데 4줄로 평 매듭 2세트를 짜고, 이어서 평 매듭 반 세트를 짜서 V자 형태를 완성한다.

6 양옆에 각각 4줄씩을 빼고 평 매듭을 짜고, 그 다음 줄에 3번 과정처럼 ▼아래 실b 8줄로 평 매듭을 짜 X자 형태를 완성한다.

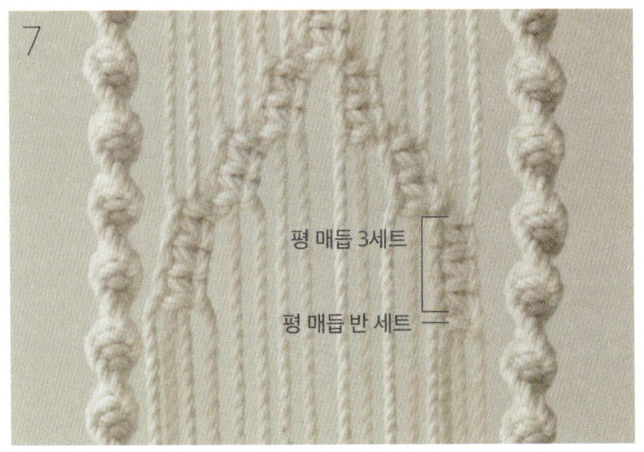

7 양끝의 실b 4줄로 각각 평 매듭 3세트를 짜고, 이어서 평 매듭 반 세트를 짠다.

8 가운데 4줄을 기둥으로 두고, 양옆의 ▲ 2줄로 평 매듭을 만들어 포인트를 준다.

tip | 포인트로 들어간 평 매듭은 우드링 정중앙에 위치하도록 한다.

9 3~6번을 반복해 X자 형태를 짠다. 이때 각 매듭의 줄 간격과 수평이 같은지 틈틈이 확인하며 작업한다.

10 실a와 실b를 모두 우드링 뒤쪽으로 보낸 다음 실을 차례대로 하나씩 감아 바 매듭으로 연결한다. 아래쪽의 실은 원하는 길이와 모양으로 잘라 정리한다.

11 완성된 리스에 준비한 소재를 연결해 모양낸다.

우드 볼 벽 장식

wooden beads wall decoration

바 매듭으로 형태를 잡고, 우드 볼로 중간중간 포인트를 준 모던한 느낌을 주는 벽장식이다. 포인트가 되는 우드 볼은 취향에 따라 금속이나 도자기 등 다른 재질의 오브제로 바꿔 작업해도 좋고, 색과 크기만 바꾸어도 다른 느낌을 주는 새로운 작품이 된다.

준비물

2m 60cm 길이 120합 면사 15줄
20cm 나무 봉
우드 볼 8개
(지름 1.5cm 검정색 우드 볼 2개,
지름 3cm 베이지색 우드 볼 6개)
가위

사용 매듭

앞머리 매듭(lark's head knot)
바 매듭(clove hitch knot)

1 면사 15줄을 나무 봉에 앞머리 매듭으로 걸고, 5줄을 하나의 구간으로 잡는다. 구간 양끝의 실▼을 기둥으로 삼는다.

2 한쪽 기둥실을 안쪽으로 45도 정도 기울여 실 4줄 앞에 놓고 실을 하나씩 감아 바 매듭을 짠다.

3 반대쪽 기둥실도 안쪽으로 기울여 V자 모양이 되도록 바 매듭을 짠다.

4 2~3번 과정과 같은 방법으로 V자 바 매듭을 2줄 더 짠다.

tip | 윗줄에서 기둥이었던 마지막 실도 잊지 않고 포함해 바 매듭을 짠다.

5 남은 2개 구간에도 2~3번 과정과 같은 방법으로 V자 바 매듭을 짜서 같은 형태를 완성한다.

6 각 구간의 V형태가 모아지는 지점에 있는 실 2줄 ●에 우드 볼을 끼운다.

7 우드 볼에서 나온 구간 중심의 실을 기둥으로 두고, 우드 볼 위에 있는 바 매듭과 대칭이 되도록 Λ형태로 바 매듭을 3줄씩 짠다.

tip | 기둥의 사선 방향이 밖→안이 아니라 안→밖으로 바뀐다. 양쪽 실의 각도를 동일하게 잡고 작업해야 형태가 예쁘게 나온다.

8 남은 2개 구간에도 5번 과정과 같은 방법으로 바 매듭을 짜서 Λ형태를 완성한다.

9 검은색 우드 볼을 V형태가 모아지는 지점에 있는 실 2줄 ●에 끼우고, 5번 과정처럼 바 매듭을 짠다. 다시 우드 볼을 끼우고 같은 방법을 반복해 패턴을 완성한다.

원형 행잉

원형 프레임에 면 짜임을 최대한 살려 표현한 에스닉한 느낌의 행잉으로 하나만으로도 행잉 2~3개를 함께 연출한 것 같은 멋스러움을 낼 수 있다. 프레임을 사용하기 때문에 크기가 크고 무게가 나가는 화분 등의 오브제도 안정적으로 연출할 수 있다. 원형 프레임의 지름은 화분의 지름과 같거나 조금 큰 것을 선택하는 것이 좋다.

준비물

실a(5m 길이 120합 면사 18줄)
실b(1m 길이 48합 면사 6줄)
지름 24cm 우드링
지름 24cm 원형 화분
빗
가위
S자 고리

사용 매듭

레이스 매듭(alternating vertical lark's head knot)
평 매듭(square knot)
뒷머리 매듭(lark's head knot)
바 매듭(clove hitch knot)
랩핑 매듭(wrapping knot)

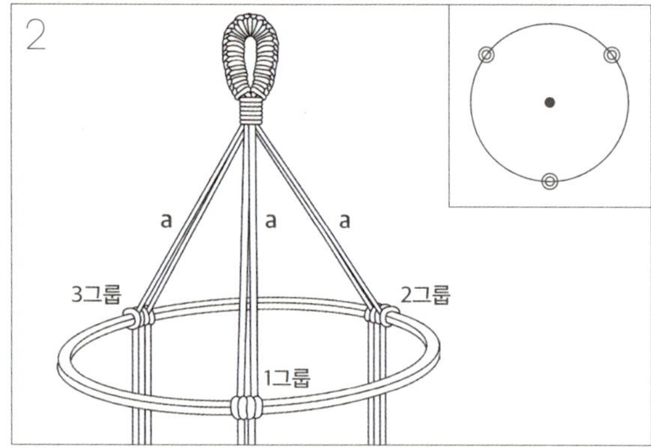

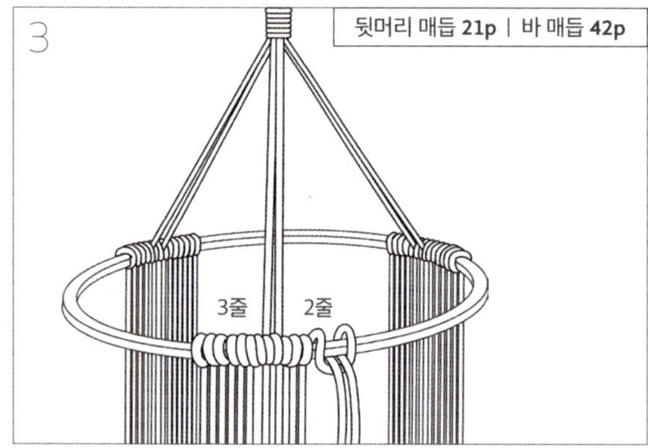

1 실a 3줄과 실b 2줄을 사용해 고리를 만든다.

2 실a 6줄을 2줄씩 3그룹으로 나누고 우드링의 ◎위치에 바 매듭으로 연결한다.

3 각 그룹마다 실이 총 12줄이 되도록 남은 실a 15줄을 5줄씩 나눠 우드링에 뒷머리 매듭으로 건다. 바 매듭으로 건 실a(◎위치) 양옆으로 각각 3줄, 2줄씩 건다.

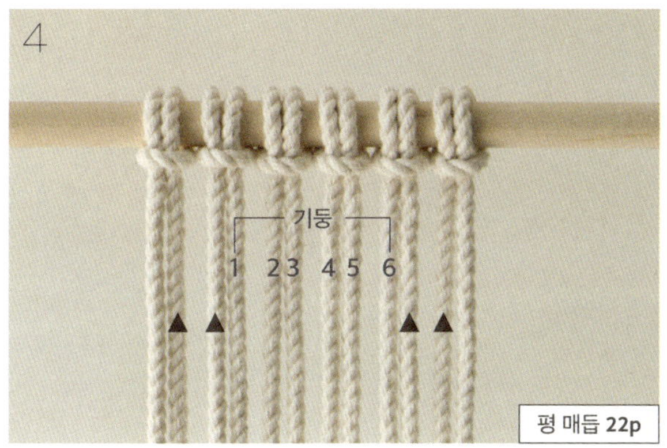

4 가운데 6줄을 하나의 기둥으로 두고, 양옆 ▲ 4줄로 평 매듭 1세트를 만든 다음 양끝의 실을 각각 안쪽으로 45도 정도 기울여 기둥으로 잡고, 뒤쪽의 실 5줄을 차례대로 감아 V자 모양이 되도록 바 매듭을 짠다.

5 실Ⓑ에 실Ⓐ를 감아 바 매듭을 짜서 모양을 닫는다.

6 실Ⓑ와 실Ⓐ를 각각 바깥쪽으로 45도 정도 기울여 기둥으로 잡고, 뒤쪽의 실을 차례대로 감아 바 매듭을 X자 모양으로 짠다.

7 가운데 6줄을 하나의 기둥으로 두고, 양옆 ▲ 4줄로 평 매듭 1세트를 만든다.

8 양끝의 실Ⓑ와 실Ⓐ를 각각 안쪽으로 45도 정도 기울여 기둥으로 잡고, 뒤쪽의 실 5줄을 차례대로 감아 바 매듭을 1줄 짠다.

9 5~8번 과정을 반복해 30cm~35cm 정도 길이의 곡선 패턴을 만든다. 나머지 2그룹도 4~8번 과정을 똑같이 반복해 곡선 패턴을 만든다.

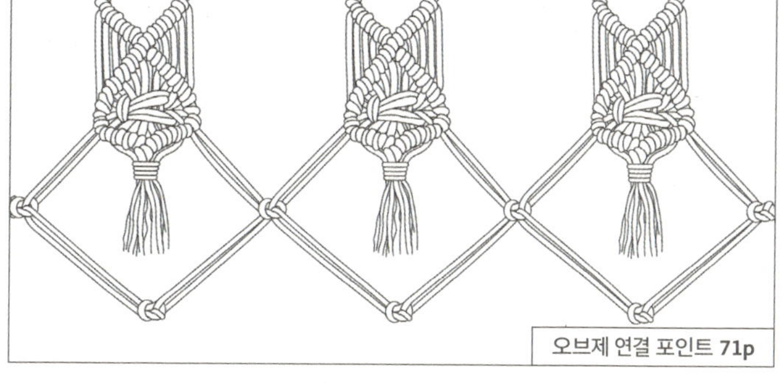

10 양끝 ▲ 2줄을 제외한 가운데 8줄을 하나의 기둥으로 두고, 실b 1줄을 더해 랩핑 매듭을 짜 수술 장식을 만든다. 나머지 2그룹도 똑같이 한다.

11 각각의 ▲ 2줄을 서로 교차하여 화분의 위와 중심, 아랫부분 세 지점을 지나는 마름모 형태를 잡고, 실이 교차하는 지점에 평 매듭을 만든다.

12 실들은 화분 아래에 하나로 모으고, 남은 실b 1줄을 더해 랩핑 매듭으로 마무리한다.

tip | 화분 양옆과 아래의 수술 장식은 화분 크기와 디자인에 맞춰 취향껏 알맞은 길이로 자른다.

HAVANA STYLE
TASCHEN
bear
bear

매듭을 면 형태로 이어 짠 심플한 벽 장식을 만들어보자. 방이나 거실의 벽면 또는 수납장 위에 걸어 멋진 인테리어를 연출할 수 있다.

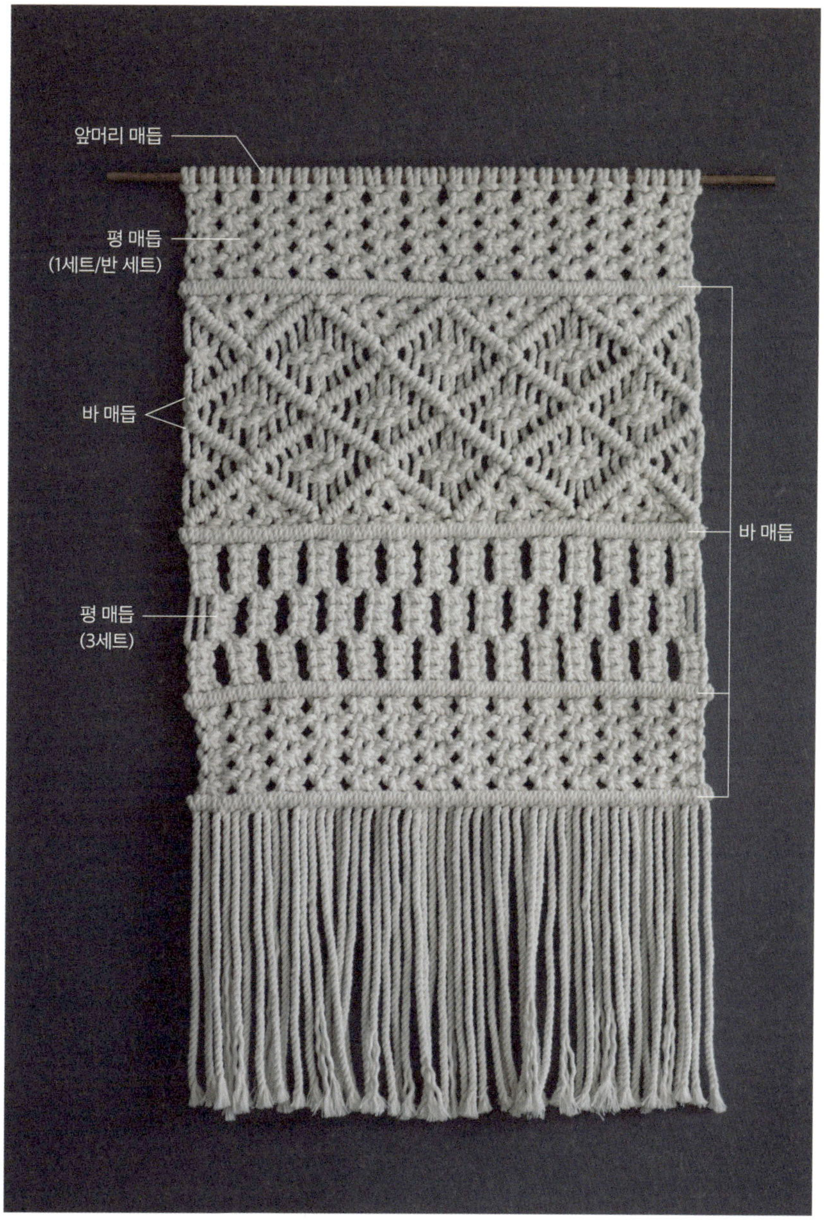

앞머리 매듭
평 매듭 (1세트/반 세트)
바 매듭
바 매듭
평 매듭 (3세트)

준비물

실a(4m 길이 150합 면사 28줄)
실b(60cm 길이 150합 면사 4줄)
황동 바 50cm 1개
가위

* 개개인마다 손의 힘이 다르기 때문에 실b의 길이를 작품의 가로 길이보다 10cm 여유 있게 잡았다. 남는 부분은 가위로 잘라 정리한다.

사용 매듭

앞머리 매듭(lark's head knot)
평 매듭(square knot)
바 매듭(clove hitch knot)

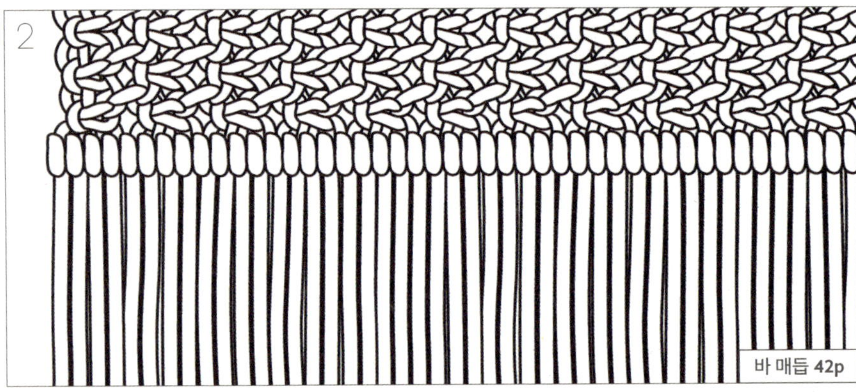

1 황동 바에 실a 28줄을 앞머리 매듭으로 건 다음 평 매듭 1세트를 1줄 짜고, 이어서 평 매듭 반 세트를 1줄 짠다. 같은 방법으로 2번 반복하고 마지막에 평 매듭 1세트를 1줄 짠다.

2 실b 1줄을 황동 바와 수평으로 놓고, 뒤쪽의 실을 하나씩 감아 바 매듭을 1줄 짠다.

3 바 매듭 아래에 실a를 14줄씩 4구간으로 잡고, 각 구간 양끝의 2줄 ■를 제외하고 4줄씩 나눠 평 매듭 반 세트를 1줄 짠다. 나머지 3구간도 똑같이 한다.

4 평 매듭 반 세트 사이 공간 ●아래 2줄을 각각 기둥으로 두고, 평 매듭 2세트를 짠다. 이어서 역삼각형 형태가 되도록 다음 줄에 평 매듭 반 세트를 짠다. 나머지 3구간도 똑같이 한다.

5 왼쪽 끝의 실을 안쪽으로 45도 정도 기울여 기둥으로 잡고, 뒤쪽의 실 6줄을 차례대로 감아 바 매듭을 짠다. 구간과 구간 사이에 있는 실 2줄을 교차한다.

6 교차한 구간과 구간 사이의 실 2줄을 각각 바깥쪽으로 45도 정도 기울여 기둥으로 잡고, 뒤쪽의 실을 차례대로 감아 바 매듭을 짠다. 나머지 구간 사이에도 똑같이 반복한 다음 4구간의 오른쪽 끝에 있는 실을 안쪽으로 45도 정도 기울여 기둥으로 잡고, 뒤쪽의 실을 차례대로 감아 바 매듭을 짠다.

tip | 양쪽 실의 각도를 동일하게 잡고 작업해야 형태가 예쁘게 나온다.

7 1구간과 4구간 양끝에 평 매듭 1세트를 만들고, 각 구간과 구간 사이 역삼각형이 움푹 들어간 가운데 부분에 평 매듭 반 세트를 1개-2개-1개 순서로 3줄 짜 포인트를 만든다.

8 역삼각형의 꼭지점 아래에 있는 실 2줄을 교차한 다음 각각 바깥쪽으로 45도 정도 기울여 기둥으로 잡고, 뒤쪽의 실을 차례대로 감아 바 매듭을 짠다. 나머지 3구간도 똑같이 한다.

9 각 구간의 역삼각형이 움푹 들어간 가운데 부분에 평 매듭 반 세트를 1개-2개-1개 순서로 3줄 짜 포인트를 만든다.

10 5~6번 과정을 똑같이 반복한다.

11 7~8번 과정을 똑같이 반복해 마름모 패턴을 완성한다.

12 바 매듭 아래 움푹 들어간 가운데 부분에 있는 실 4줄로 평 매듭 1세트를 짠다. 이어서 삼각형 형태가 되도록 다음 줄에 평 매듭 2세트를 짜고, ■를 4줄씩 나눠 평 매듭 반 세트를 1줄 짠다. 나머지 3구간도 똑같이 한다.

13 평 매듭 반 세트 아래에 실b 1줄을 수평으로 놓고, 뒤쪽의 실을 하나씩 감아 바 매듭을 1줄 짠다.

14 실을 4줄씩 나눠 평 매듭 3세트를 3줄 짜고, 실b 1줄을 더해 바 매듭을 1줄 짠다.
tip | 일렬이 아닌 교차되는 무늬기 때문에 2번째 줄에서는 양끝의 2줄을 제외하고 작업한다.

15 1번 과정을 똑같이 반복하고, 남은 실b 1줄을 더해 바 매듭 1줄을 짜 마무리한다.

가랜드

garland

가랜드는 파티나 웨딩 등의 이벤트에 많이 사용되지만 침실이나 소파 위에 두는 것만으로 방의 전체적인 분위기를 바꾸는 훌륭한 홈 인테리어 소품이다. 캠핑이나 야외 촬영 소품으로도 사용이 가능하니 다양하게 활용해보자.

• 우드 볼의 안쪽 지름이 실 굵기보다 작아야 빠지지 않으므로, 우드 볼을 사용할 때 꼭 안쪽 지름을 확인한다.

준비물

실a(3m 길이 150합 면사 70줄)

실b(2m 길이 150합 면사 1줄)

지름 1cm 우드 볼 7개

돗바늘

가위

사용 매듭

앞머리 매듭(lark's head knot)

평 매듭(square knot)

바 매듭(clove hitch knot)

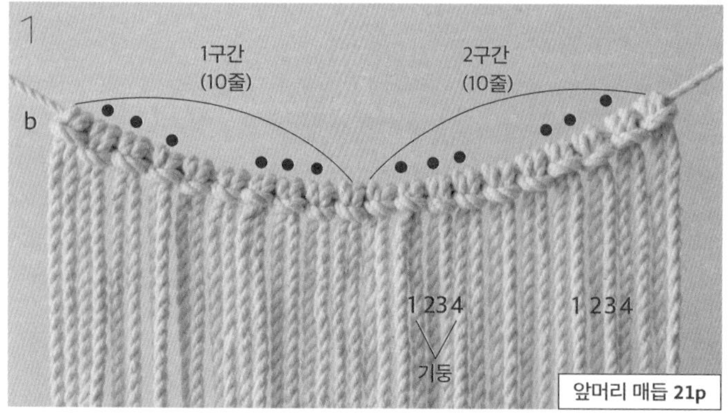

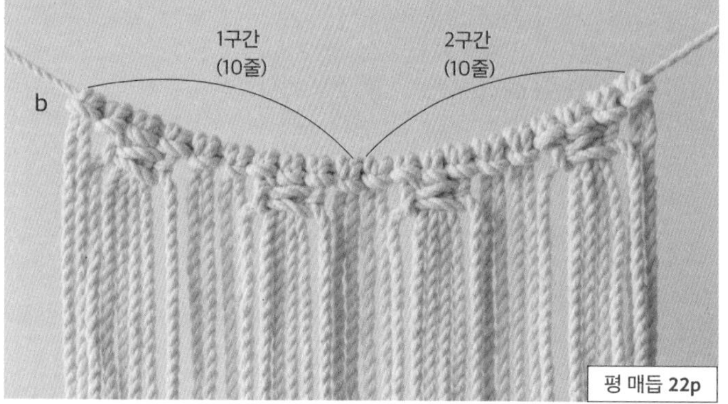

1 실b에 실a 70줄을 앞머리 매듭으로 걸고 10줄을 1구간으로 잡는다. ●아래 가운데 4줄을 하나의 기둥으로 두고, 양 옆의 2줄로 평 매듭 1세트를 만든다. 나머지 6구간도 똑같이 한다.

2 평 매듭 양쪽 ▼아래 바깥쪽 실을 각각 안쪽으로 45도 정도 기울여 기둥으로 잡고, 뒤쪽의 실 4줄을 차례대로 감아 바 매듭을 V자 모양으로 짠다. 나머지 6구간도 똑같이 한다.

tip | 기둥이 되는 양쪽 바깥쪽 실의 각도를 동일하게 잡고 작업해야 형태가 예쁘게 나온다.

3 다시 한 번 ▼아래 바깥쪽 실을 각각 안쪽으로 45도 정도 기울여 기둥으로 잡고, 뒤쪽의 실 4줄을 차례대로 감아 V자 매듭을 자 모양으로 짠다. 나머지 6구간도 똑같이 한다.

tip | 윗줄에서 기둥이었던 마지막 실도 잊지 않고 포함해 바 매듭을 짠다.

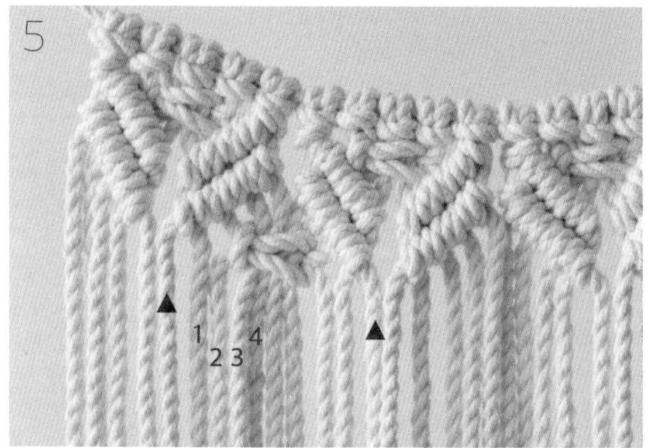

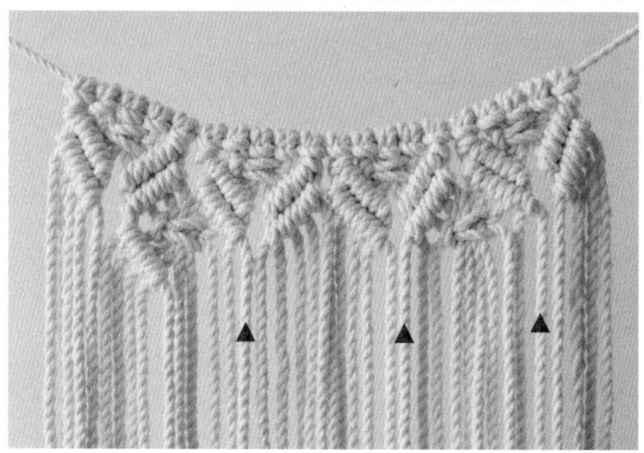

4 1구간 10줄의 중간지점 아래 4줄을 하나의 기둥으로 두고, 그 양옆의 2줄로 평 매듭 1세트를 만든다. 나머지 6구간도 똑같이 한다.

5 평 매듭 양옆의 실▲를 각각 안쪽으로 45도 정도 기울여 기둥으로 잡고, 뒤쪽의 실 4줄을 차례대로 감아 마름모 모양이 되도록 바 매듭을 짠다. 나머지 6구간도 똑같이 한다.

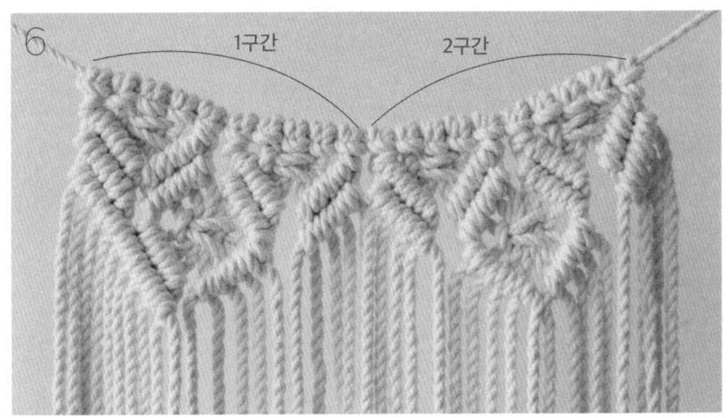

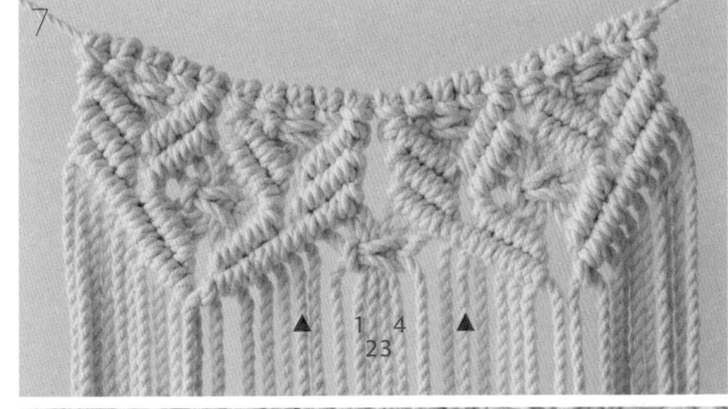

6 1구간 양끝의 실 2줄을 각각 안쪽으로 45도 정도 기울여 기둥으로 잡고, 뒤쪽의 실 9줄을 차례대로 감아 바 매듭을 V자 형태로 짠다. 나머지 6구간도 똑같이 한다.

7 10줄로 잡은 구간과 구간 사이의 가운데 4줄을 하나의 기둥으로 두고, 양옆의 2줄로 평 매듭 1세트를 만든다. 실 ▲를 안쪽으로 45도 정도 기울여 기둥으로 잡고, 바 매듭을 짜 마름모 모양을 만든다. 나머지 구간 사이에도 똑같이 한다.

8 마름모 모양의 꼭지점 부분에 있는 실 2줄로 바 매듭을 만들어 모양을 닫는다. 나머지 구간사이에도 똑같이 한다.

9 각 구간의 V형태가 모아지는 지점에 있는 실 2줄 ●에 우드 볼을 끼워 마무리한다.

마크라메 샹들리에

macramé chandelier

심플한 짜임과 원형 프레임이 주는 느낌이 멋스러운 공간 오브제로 자연광과 어우러져 은은한 분위기를 연출한다. 전구를 넣어 조명으로 사용할 수 있는데 실 사이로 나오는 빛줄기는 또 다른 즐거움을 불러온다.

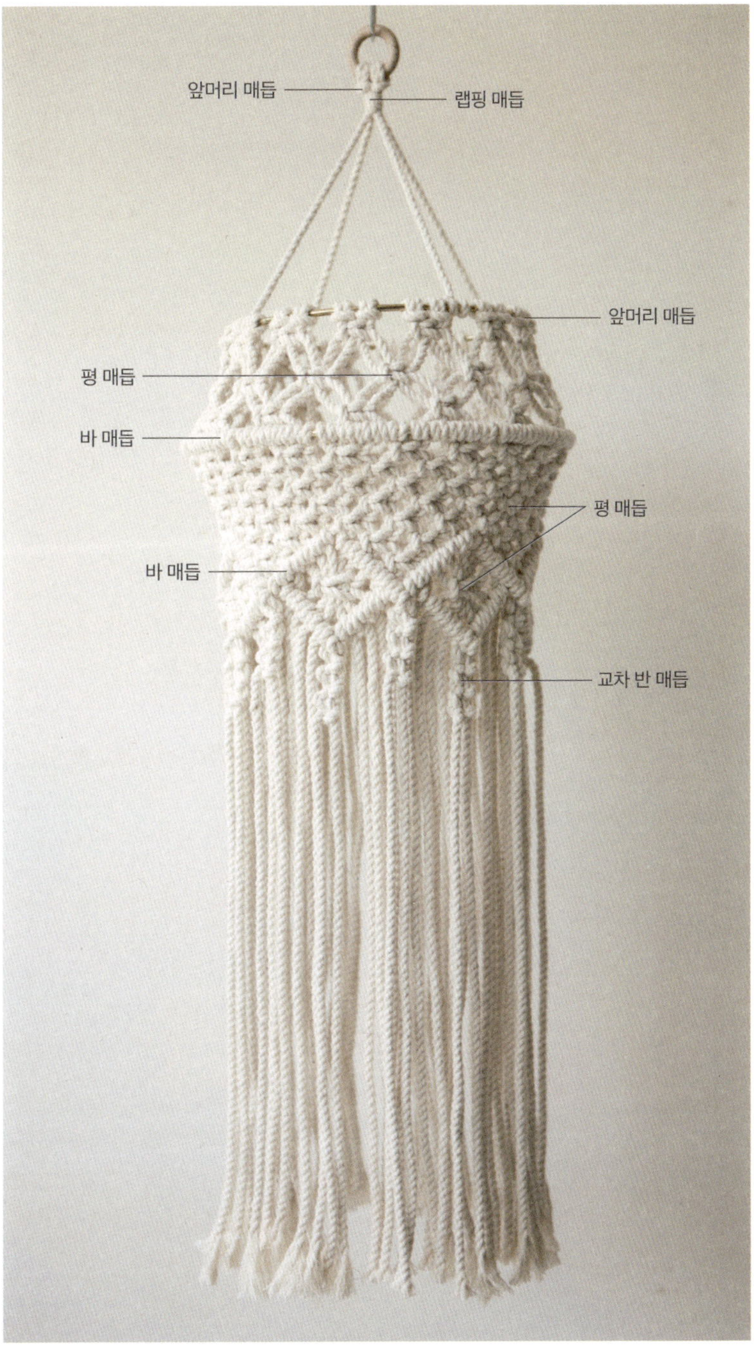

준비물

실a(3m 길이 120합 면사 28줄)
실b(2m 80cm 길이 120합 면사 14줄)
실c(60cm 길이 120합 면사 2줄)
실d(20cm 길이 48합 면사 1줄)
지름 5cm 우드링
지름 18cm 스틸링
지름 24cm 스틸링
가위
줄자

사용 매듭

앞머리 매듭(lark's head knot)
랩핑 매듭(wrapping knot)
평 매듭(square knot)
바 매듭(clove hitch knot)
교차 반 매듭(alternating half hitch chain)

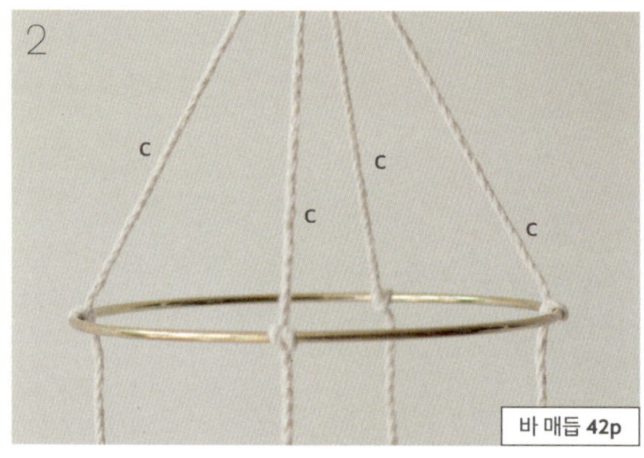

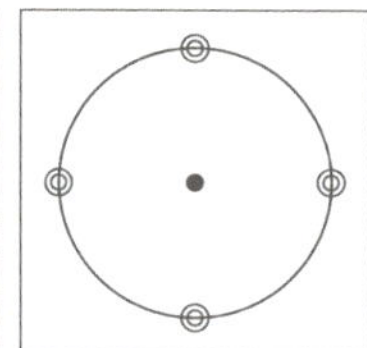

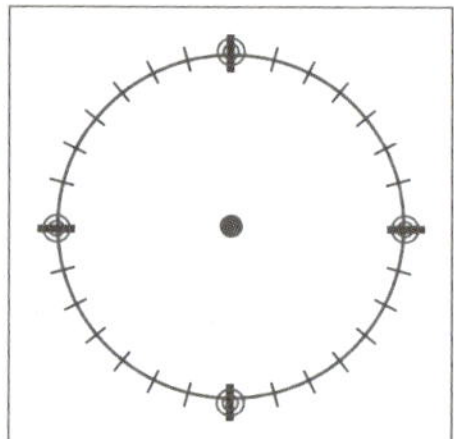

1 실c 2줄을 앞머리 매듭으로 우드링에 건 다음, 실d 1줄을 더해 랩핑 매듭을 만든다.

2 맨 위쪽 고리에서부터 15cm~20cm 정도 떨어진 지점에 지름 18cm 스틸링을 두고, 실c 4줄을 스틸링을 4등분한 ◎위치 네 곳에 바 매듭으로 연결한다.
tip | 좌우 수평이 맞는지 작업 틈틈이 확인한다.

3 실a 28줄을 스틸링에 앞머리 매듭으로 건다. 먼저 실a 4줄을 바 매듭으로 연결한 ◎위치 옆에 걸어 중심을 잡은 후, 나머지 실a 24줄을 ◎과 ◎사이에 각각 6개씩 건다.
tip | 실c는 스틸링에 바 매듭으로 연결하면 작업 끝으로 실a와 함께 엮어 작업하지 않는다.

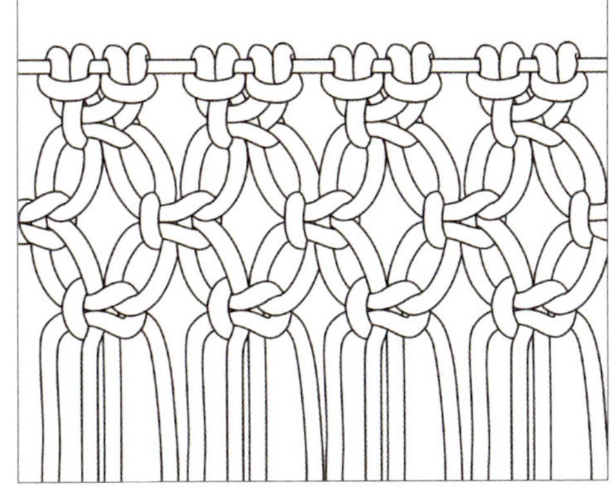

4 평 매듭 1세트를 1줄 짠 후, 매듭과 매듭 사이 ●공간 아래 2줄을 각각 기둥으로 두고 1cm~2cm 정도 떨어진 지점에 평 매듭 1세트를 1줄 짠다. 같은 방법으로 평 매듭 1세트를 1줄 더 짠다.

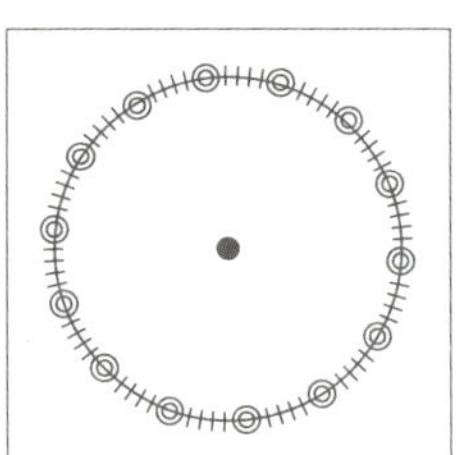

5 실a 56줄을 4줄씩 나눠 지름 24cm 스틸링에 각각 바 매듭으로 연결한다.

6 4줄씩 나눠 건 실a 사이사이 ◎에 실b 14줄을 뒷머리 매듭으로 건다.

7 평 매듭 1세트를 5줄 짠다.

tip | 매듭과 매듭 사이 공간 아래 2줄이 다음 줄의 기둥이 된다는 것을 기억한다.

8 4줄씩 비우면서 평 매듭 2세트를 1줄 짜고, 역삼각형 형태가 나올 수 있도록 2세트씩 짠 평 매듭 각 아래에 평 매듭 1세트를 짠다.

9 역삼각형 각 사이의 움푹 들어간 가운데 부분에 실 2줄을 사선으로 교차해 각각을 기둥으로 두고, 뒤쪽의 실을 차례대로 감아 바 매듭을 짠다.

tip | 왼쪽 실이 오른쪽 실 위로 올라오도록 한다.

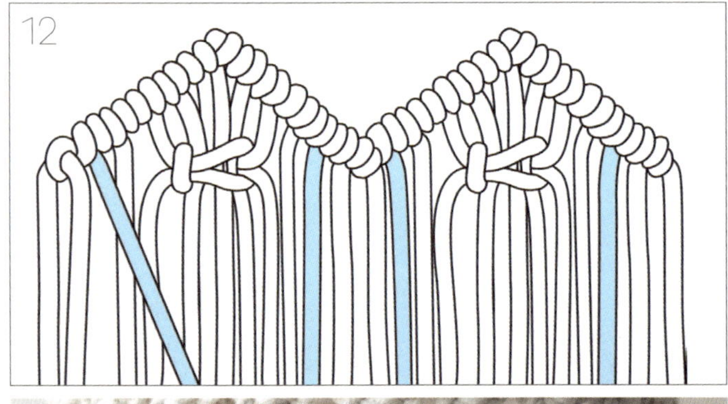

10 역삼각형의 각 꼭지점 부분에 실 2줄로 바 매듭을 만들어 역삼각형 모양을 닫는다.

11 역삼각형 각 사이에 움푹 들어간 가운데 부분의 4줄을 하나의 기둥으로 두고, 양옆의 ▲로 평 매듭 1세트를 짠다.

12 평 매듭 양쪽의 파란색 줄을 각각 안쪽으로 45도 정도 기울여 기둥으로 잡고, 뒤쪽의 실 4줄은 차례대로 감아 바 매듭을 짜 마름모 모양을 만든다.

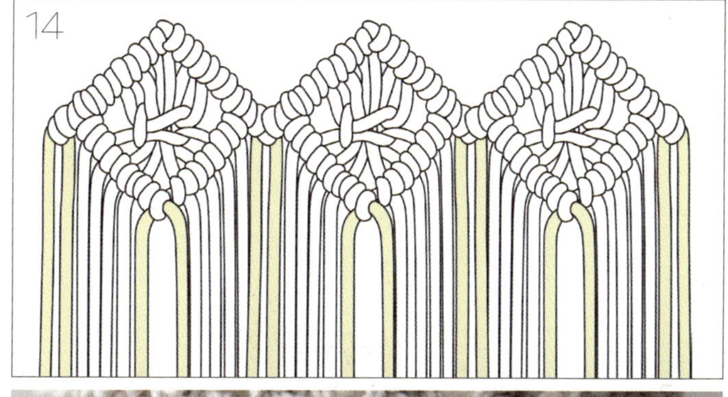

교차 반 매듭 **40p**

13 10번 과정과 같은 방법으로 역삼각형의 각 꼭지점 부분에 실 2줄로 바 매듭을 만들어 역삼각형 모양을 닫는다.

14 노란색 2줄로 각각 교차 반 매듭을 3세트 짠다. 아래쪽으로 늘어진 실은 가위로 모양을 내거나 원하는 길이로 잘라 정리한다.

tip | 실 길이를 여유롭게 잡았기 때문에 교차 반 매듭을 더 길게 작업해도 좋다.

네트 백

나들이나 휴가지에서 편리하게 사용할 수 있는 미니 네트 백으로 간격을 더 촘촘히 만들면 속주머니 없이도 유용하게 쓸 수 있다. 파우치나 선글라스 케이스 등을 넣어 데일리 백으로도 활용해도 좋다.

준비물

실a(2m 길이 48합 면사 1줄)
실b(1m 80cm 길이 48합 면사 11줄)
실c(2m 길이 48합 면사 2줄)
S자 고리

* 무지 속주머니는 인터넷에서 손쉽게 구매할 수 있다.

사용 매듭

앞머리 매듭(lark's head knot)
평 매듭(square knot)
교차 반 매듭(alternating half hitch chain)

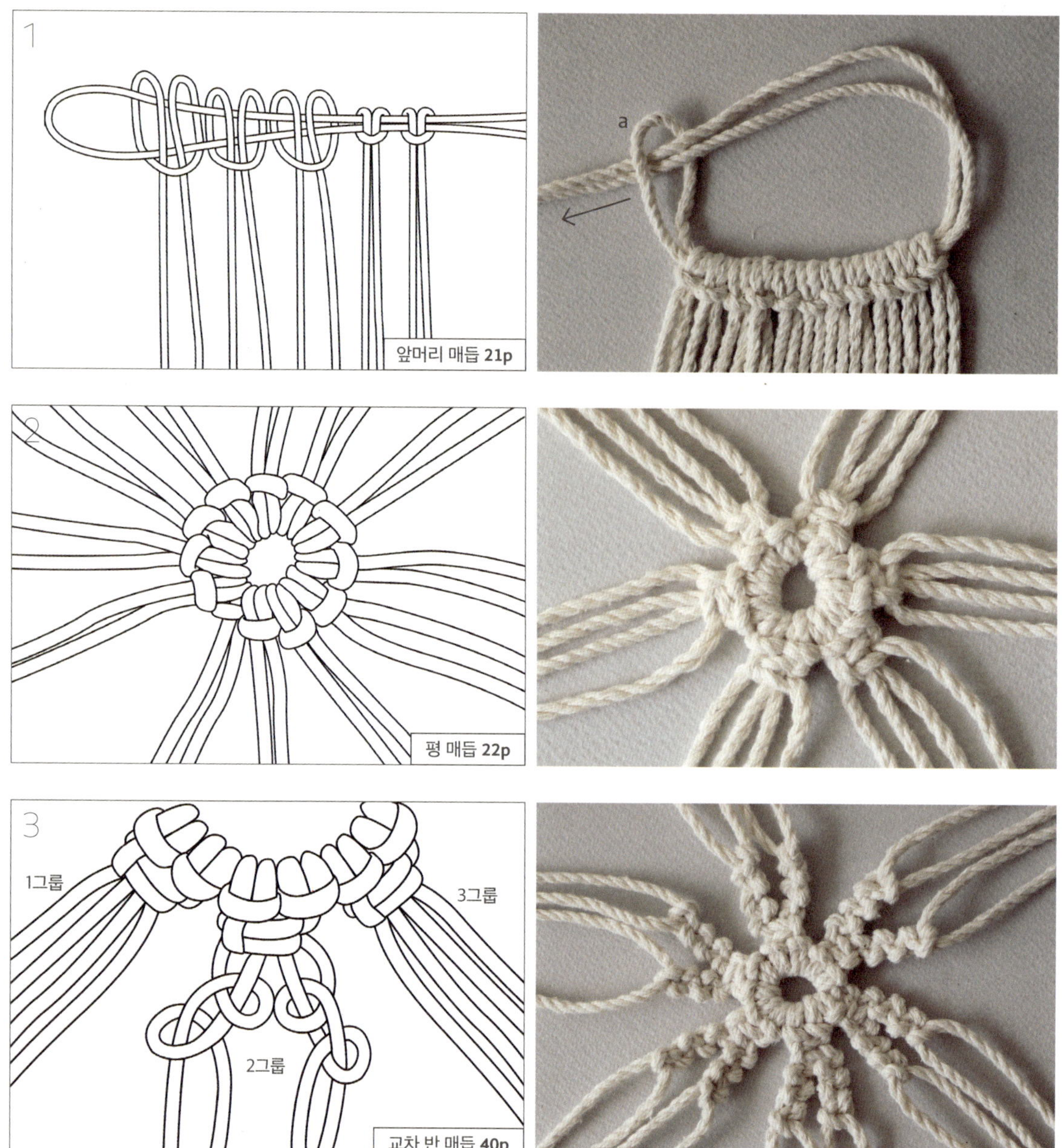

1 양끝을 똑같이 맞추고 반으로 접은 실a에 실b 11줄을 앞머리 매듭으로 건다. 이때 생긴 고리에 실a의 끝을 넣고 잡아당긴다.

2 원형 모양이 되고 고리로 넣은 실a까지 실이 총 24줄이 맞는지 확인한다. 실을 4줄씩 6그룹으로 나누고 각 그룹마다 평 매듭을 1세트씩 짠다.

3 각 그룹의 줄을 2줄씩 나누고 각각 교차 반 매듭을 3세트 짠다.

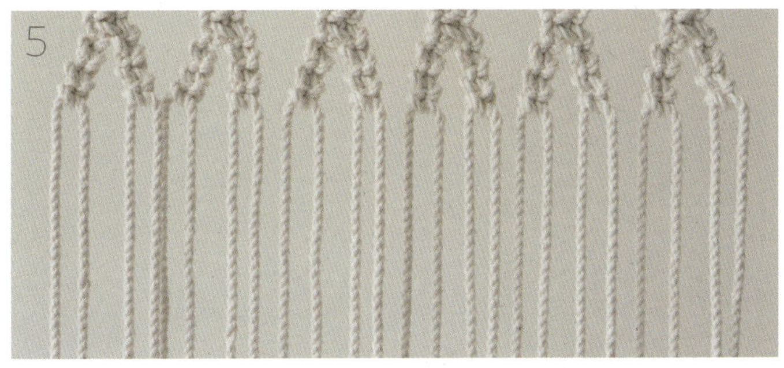

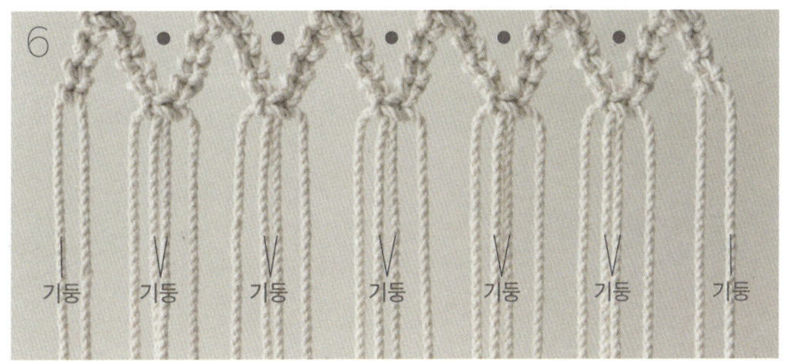

4 다시 한 번 각 그룹마다 평 매듭을 1세트씩 짜 가방의 바닥 부분을 완성한다.

5 S자 고리에 걸고, 각 그룹의 줄을 2줄씩 나눠 교차 반 매듭을 3세트 짠다.

6 평 매듭과 평 매듭 사이 ●아래에 실을 각각 기둥으로 두고, 평 매듭 1세트를 1줄 짠다. 다시 4줄씩 6그룹으로 나뉜다.

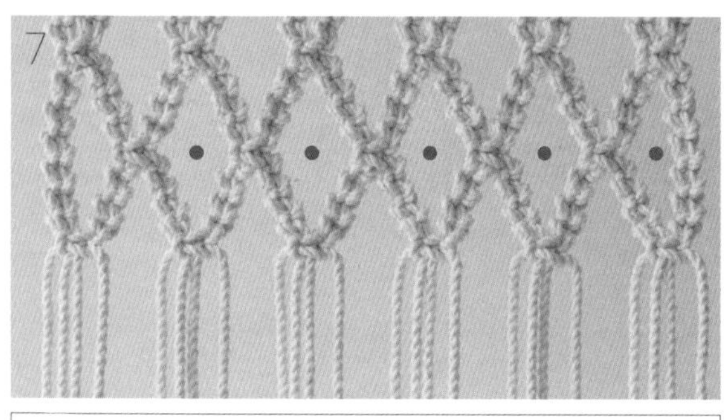

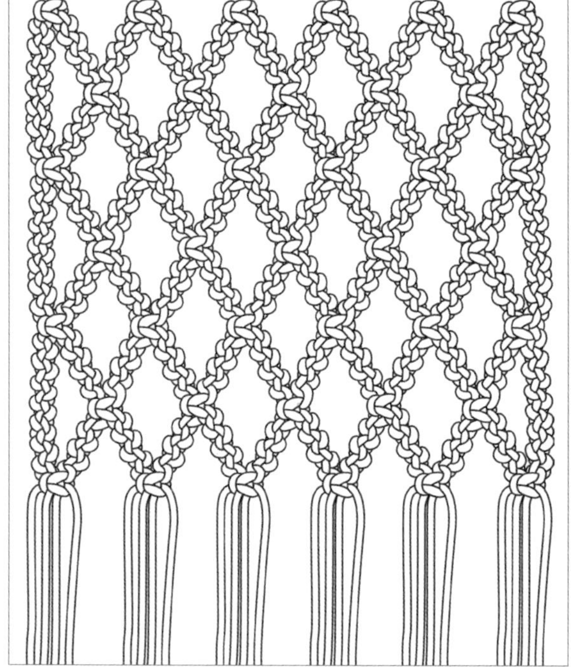

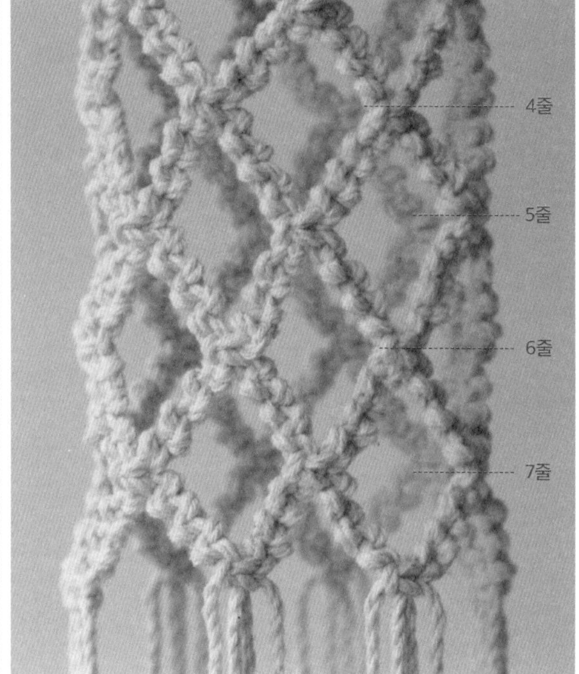

7 5~6번 과정을 8번 반복해 총 7줄의 마름모 형태를 만든다.
tip | 추가로 과정을 반복하면 바케트 등을 담을 수 있는 더 기다란 네트백을 만들 수 있다.

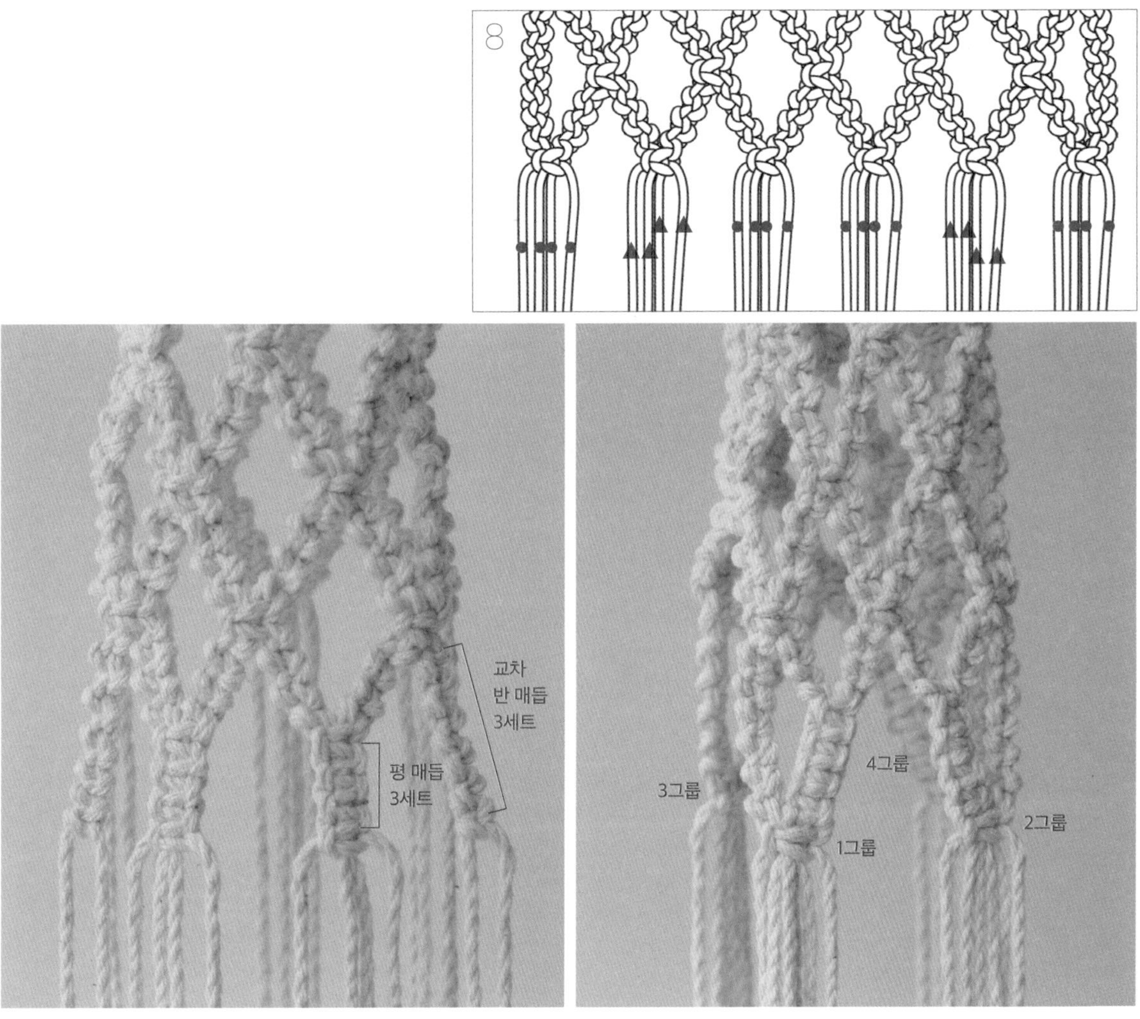

8 ●실 4줄로 각각 평 매듭 3세트를, ▲실 2줄로 각각 교차 반 매듭 3세트를 짠다. 이 둘을 모아 평 매듭 1세트를 짜 총 4그룹으로 나눈다.

9 걸었던 S자 고리에서 빼 책상 위에 올린 다음 1그룹과 2그룹의 실들을 서로 교차해 겹친다.

10 교차된 실들을 하나의 기둥으로 두고, 실c 1줄로 평 매듭 1세트를 반복해 짜 손잡이를 만든다.

11 손잡이를 만들고 남은 실c에 돗바늘을 끼우고 매듭 안으로 넣는다.

tip | 실c는 손잡이 안쪽이나 바깥쪽 어느 쪽으로 정리해도 상관없다. 편한 쪽으로 작업한다.

12 가위로 튀어나온 실들을 깔끔하게 잘라 정리한다. 나머지 그룹도 9~12번 과정을 똑같이 한다.

tip | 실들을 서로 교차해 평 매듭을 짰기 때문에 풀릴 일은 없지만, 만약 더 단단하게 고정하고 싶다면 실을 잘라 준 부분에 섬유용 접착제를 바른다.

HAVANA STYLE
TASCHEN

마크라메 거울

모던함과 에스닉함을 동시에 느낄 수 있는 심플한 디자인의 마크라메 거울이다. 기본 평 매듭을 이용해 누구나 쉽게 만들 수 있다. 링의 크기는 접착제를 바를 부분을 생각해서 거울보다 5cm 정도 작은 것으로 준비한다.

준비물

실a(2m 길이 120합 면사 80줄)
실b(1m 20cm 길이 120합 면사 1줄)
지름 25cm 링
지름 30cm 거울
돗바늘
빗
가위

사용 매듭

앞머리 매듭(lark's head knot)
평 매듭(square knot)
바 매듭(clove hitch knot)

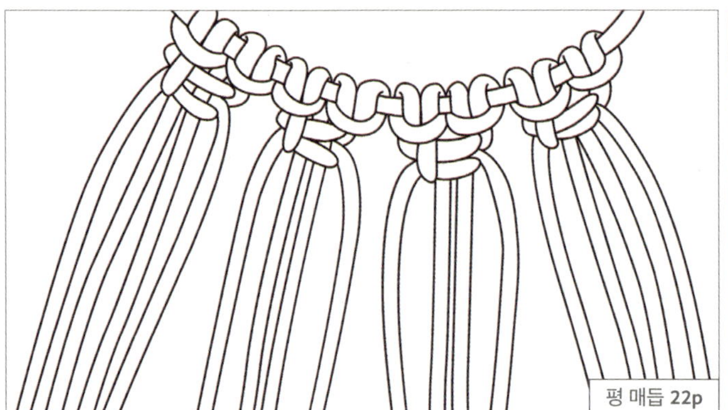

1 실a 80줄을 지름 25cm 링에 앞머리 매듭으로 건다.

2 실을 4줄씩 나눠 평 매듭 1세트를 총 3줄 짠다.
tip | 매듭과 매듭 사이 공간 아래 2줄이 다음 줄의 기둥이 된다는 것을 기억하고, 줄 수가 늘어나면 지름이 커지면서 매듭 간격이 처음보다 넓어진다.

바 매듭 42p

3 3줄을 짠 평 매듭 아래에 실b를 기둥으로 두고, 뒤쪽의 실a를 차례대로 감아 바 매듭을 1줄 짠다. 남은 실b는 돗바늘에 끼워 매듭 안으로 넣는다.

4 거울의 가장자리에 접착제를 바르고 링을 붙인다. 길게 늘어진 실은 원하는 길이만큼 잘라 정리하고, 빗으로 실을 풀어 수술 장식을 만든다.

실생활에서 많이 사용하는 의자와 매트, 선반부터 예술작품 같은 대형 장식 오브제까지 자신만의 디자인을 창작해볼 수 있는 응용 참고작품과 팁을 담았습니다. 평범한 공간을 특별하게 바꾸는 나만의 마크라메 작품에 도전해보세요.

3

macramé decorations

macramé stool

마크라메 의자

의자 프레임에 실을 직물 모양으로 짜서 고정하면 근사한 마크라메 의자가 된다. 바 매듭과 평 매듭 2가지 기법을 사용했다. 의자는 실용성이 높은 아이템이기 때문에 기교보다는 촘촘하고 단단하게 짜는 것이 중요하다. 의자 프레임은 위아래 또는 양쪽 모두에 실을 고정할 부분이 넓은 것이 좋고, 실은 늘어지거나 쉽게 끊어지지 않는 면사나 로프 등을 사용하는 것이 좋다. 필요한 실의 길이와 줄수는 프레임의 모양과 종류에 따라 달라지므로 줄을 하나 잘라 프레임에 놓아 보고 대략적인 길이를 가늠해본다. 집에 쓰지 않거나 오래된 의자가 있다면 새롭게 만들어보자.

사용 매듭

뒷머리 매듭(lark's head knot)
바 매듭(clove hitch knot)
평 매듭(square knot)

macramé ball pattern wall decoration

마크라메 볼 패턴 벽 장식

마크라메 소품을 연출하는 방법은 다양하다. 그 중 입체 매듭은 다른 준비물 없이 실만으로 장식 효과를 연출할 수 있는 방법이다. 여기서 사용한 평 매듭 볼은 만드는 과정이 간단해 많이 쓰이는 입체 매듭으로 뒷면 레이어와 함께 연출하면 작품에 더욱 풍성한 느낌을 줄 수 있다. 뒷면 레이어는 긴 실 1줄을 가로로 놓고 여러 줄의 실들을 앞머리 매듭으로 걸어 만들고, 완성한 작품의 나무 봉 또는 금속 바 양끝에 묶어 활용한다. 더 단단하게 고정하고 싶다면 테이프를 사용한다.

사용 매듭

앞머리 매듭(lark's head knot)
평 매듭(square knot)
바 매듭(clove hitch knot)

* 평 매듭 볼 만들기 27p 참고

HAVANA STYLE
TASCHEN

macramé shelf
마크라메 선반

소품을 올려 진열해야 하기 때문에 만들 때 나무판과 매듭의 좌우 수평을 틈틈이 확인하고, 매듭도 하나하나 단단히 짠다. 심플하게 기본 면사 1가지를 사용하되 레이스 매듭, 나선 매듭, 평 매듭, 바 매듭 4가지 기법으로 포인트를 줬다. 1~2가지 기법만을 넣고 컬러 면사나 우드볼 등의 소재로 포인트를 줄 수도 있다. 나무 판이 아닌 플라스틱이나 아크릴 판을 사용하면 또 다른 느낌의 선반이 된다.

사용 매듭

레이스 매듭(alternating vertical lark's head knot)
나선 매듭(spiral knot)
평 매듭(square knot)
바 매듭(clove hitch knot)
랩핑 매듭(wrapping knot)

macramé frame lighting

마크라메 프레임 조명

프레임 하나만 바꿔도 전혀 다른 분위기의 마크라메 조명을 만들 수 있다. 다양한 종류와 재질의 프레임이 있지만 특히 육각 프레임은 한국 전통 공예품의 육각형 형태와 비슷해서 실 사이로 나오는 빛줄기의 따뜻함과 은은함을 동양적인 느낌으로 표현하기 좋다. 전구가 들어가기 때문에 색실보다는 흰색 기본 면사를 사용하는 것이 잘 어울린다. 아래쪽 실을 길게 늘어뜨리지 않고 프레임에 딱 맞게 짜면 침대 옆이나 거실에 놓는 무드등이 된다.

사용 매듭

앞머리 매듭(lark's head knot)
평 매듭(square knot)
바 매듭(clove hitch knot)

* 육각 프레임은 데스파시오 홈페이지에서 구매할 수 있다.

macramé wave pattern wall decoration

마크라메 물결 패턴 벽 장식

여러 가지 종류의 매듭이 복잡하게 들어가지 않아도 공간의 분위기를 변화시키는 아름다운 작품을 만들 수 있다. 1~2가지 매듭만으로도 충분하다. 가로, 세로, 사선 방향으로 엮을 수 있는 수직 바 매듭을 사용해 물결 모양을 표현했다. 만약 작품을 조금 더 무게감 있고 힘 있게 만들고 싶다면 평상시 쓰는 합수보다 높은 합수의 굵은 실을 선택한다. 이 작품에서는 300합 실을 썼다. 다양한 굵기의 실과 매듭을 활용해 나만의 디자인을 만들어보자.

사용 매듭

앞머리 매듭(lark's head knot)
바 매듭(clove hitch knot)
수직 바 매듭(vertical clove hitch knot)

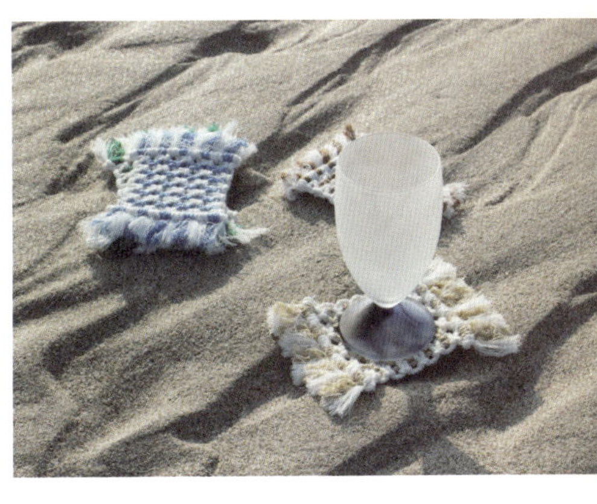

마크라메 라이프

펴낸날 초판 1쇄 2018년 8월 1일

지은이 김예슬

펴낸이 임호준
본부장 김소중
책임 편집 이민주 | **편집 3팀** 김은정 김민정 현유민
디자인 왕윤경 김효숙 정윤경 | **마케팅** 정영주 길보민 김혜민
경영지원 나은혜 박석호 | **IT 운영팀** 표형원 이용직 김준홍 권지선

인쇄 (주)웰컴피앤피

펴낸곳 비타북스 | **발행처** (주)헬스조선 | **출판등록** 제2-4324호 2006년 1월 12일
주소 서울특별시 중구 세종대로 21길 30 | **전화** (02) 724-7683 | **팩스** (02) 722-9339
포스트 post.naver.com/vita_books | **블로그** blog.naver.com/vita_books | **인스타그램** @vitabooks_official

ISBN 979-11-5846-251-2 13630

- 이 도서의 국립중앙도서관 출판예정도서목록(CIP)은 서지정보유통지원시스템 홈페이지(http://seoji.nl.go.kr)와 국가자료공동목록시스템(http://www.nl.go.kr/kolisnet)에서 이용하실 수 있습니다. (CIP제어번호: CIP2018022695)

- 비타북스는 독자 여러분의 책에 대한 아이디어와 원고 투고를 기다리고 있습니다.
책 출간을 원하시는 분은 이메일 vbook@chosun.com으로 간단한 개요와 취지, 연락처 등을 보내주세요.

비타북스는 건강한 몸과 아름다운 삶을 생각하는 (주)헬스조선의 출판 브랜드입니다.